Die Achse des Blöden

Dave Barry

Die Achse des Blöden

Eine politische Evolutionstheorie der USA

Aus dem amerikanischen Englisch von Edith Beleites

EICHBORNS SCHRÄGE BÜCHER

Originaltitel: Dave Barry Hits Below the Beltway
Originalverlag: Random House USA

3   4   05   04   03

Original © : Dave Barry 2001
© für die deutsche Ausgabe: Eichborn AG, Frankfurt am Main, 2003
Umschlaggestaltung: Moni Port unter Verwendung einer Illustration
von Christopher Fellehner (www.laborproben.de)
Lektorat: Doris Engelke
Satz: Fuldaer Verlagsagentur
Druck und Bindung: Clausen & Bosse, Leck
ISBN 3-8218-0933-7

Verlagsverzeichnis schickt gern:
Eichborn Verlag, Kaiserstr.66, D-60329 Frankfurt am Main
www.eichborn.de

Für Rob und Sophie,
hauptsächlich, weil ich sie mehr liebe,
als ich sagen kann,
aber auch, weil sie eines Tages
meine Sozialversicherung zahlen müssen.

Danksagung

Zuerst und vor allem danke ich der US-Regierung dafür, daß sie so ein närrischer, urkomischer Verein ist. Mir ist längst klar, daß der Gegenwert der Zillionen Dollar, die sie uns kostet, in dem hochkarätigen Entertainment besteht, das wir fast täglich geboten bekommen – und zwar mit Zinsen.

Ich danke auch meinen erstklassigen Washingtoner Informanten, besonders Gene Weingarten, Tom Shroder, Joel Achenbach, Chuck Smith und Russ Beland. Irgendwie bin ich nicht dazu gekommen, sie zu befragen. Aber hätte ich es getan, wären die Informationen nur so aus ihnen herausgesprudelt. Da bin ich mir ganz sicher, und dafür bin ich dankbar.

Ich danke den vielen Journalisten, die wahre Geschichten über die US-Regierung ans Licht bringen und mich auf diese Weise mit Informationen füttern. Besonders danke ich den Journalisten der *Washington Post* und meiner eigenen Zeitung, des *Miami Herald*, die trotz permanenter Anmache von Erbsenzählern und anderen Feiglingen Tacheles reden, wann immer es nötig ist.

Ich danke meinem Rechercheapparat, Judi Smith, für ihren ebenso endlosen wie aussichtslosen Kampf um die Korrektheit der Sachen, die ich so schreibe. Zumindest sorgt sie dafür, daß alles ein bißchen weniger inkorrekt ist. Sie beweist große Charakterstärke, denn bislang hat sie sich nicht in die Welt der Drogen geflüchtet. Jedenfalls weiß ich davon nichts.

Und schließlich danke ich meinem Verleger Sam Vaughan und meinem Agenten Al Hart. Ohne die beiden müßte ich mir einen anständigen Job suchen und arbeiten gehen.

Einführung

Einführung

Um ein auch nur halbwegs anständiges Buch über etwas derart Komplexes wie die US-Regierung zu schreiben, muß man sich sehr lange in Washington DC aufhalten. Also beschloß ich gleich zu Beginn der Arbeit an diesem Buch, daß es kein auch nur halbwegs anständiges werden sollte.

Ich faßte diesen Beschluß, weil ich mich in Washington nicht wohl fühle. Verstehen Sie mich bitte nicht falsch: Washington ist eine schöne Stadt mit reichlich Statuen, Gebäuden und viel Kultur in Form von thailändischen Restaurants. Aber immer wenn ich dort bin, komme ich mir vor wie der einzige Mensch in der Stadt, der nie fürs Studentenparlament kandidiert hat.

Dieses Gefühl hatte ich zum ersten Mal 1967, als ich, noch ein College-Student, bei den *Vierteljahresheften* des Kongresses ein Praktikum machte. Dabei handelt es sich um eine Illustrierte, die, wie der Name schon andeutet, wöchentlich erscheint.

Ich hatte keine Ahnung, was in Washington zählt. Ich kam aus einem rein männlichen College. Welches Ansehen jemand genoß, hing ab von Faktoren wie:

– Ist er ein guter Kumpel?
– Leiht er mir seinen Wagen?
– Bleibt er mein Freund, auch wenn meine Freundin seinen Wagen vollkotzt?

Als ich nach Washington kam, stellte ich jedoch fest, daß es sogar unter jungen Leuten überhaupt keine Rolle spielte, ob jemand ein guter Kumpel war. Was hier zählte, war einzig und allein, in welcher Höhe am Washingtoner Totempfahl der Rangordnung man angesiedelt war. Ganz oben an diesem Totempfahl rangiert der Präsident, ganz unten, noch unter der Erde, die Öffentlichkeit. Dazwischen bilden Regierungsbeamte, Journalisten, Lobbyisten, Anwälte und andere Machtmenschen eine extrem komplexe Hierarchie mit Tausenden von auf das feinste abgestuften Rangunterschieden mit extrem subtilen Nuancen und Unterscheidungen, die nur der Washingtoner als solcher wahrnimmt und versteht.

Ein Washingtoner weiß zum Beispiel, ob ein »Erster Stellvertretender Untersekretär« höher oder tiefer rangiert als ein »Beigeordneter Hauptstellvertreter des Sekretärsassistenten« oder etwa ein »Erster Stellvertreter des Stellvertretenden Sekretärsassistenten« oder womöglich ein »Stellvertreter des Stellvertretenden Sekretärs« oder auch ein »Erster Assistent des Stellvertretenden Untersekretärs« oder ein »Assistierender Personalleiter des Sekretärsassistenten«. (Alles real existierende Stellen der Bundesbehörden.)

Jedermann in Washington scheint jederzeit ganz genau zu wissen, welchen Status jemand besitzt. Ich habe keine Ahnung, wie sie das machen. Vielleicht treffen sie sich in regelmäßigen Abständen an einem geheimen Ort und beschnuppern sich gegenseitig am Hinterteil. Ich weiß nur: Als ich 1967 während meines Praktikums auf Parties ging, waren sie ganz anders als die College-Parties, die ich gewohnt war. Für mich waren Parties die Regel, bei denen es ganz normal war, zu vorgerückter Stunde seinen Bourbon aus einem Schuh zu trinken; es mußte noch nicht mal der *eigene* Schuh sein. Die Parties in Washington hingegen waren durchweg seriös. Zu Anfang waren alle total damit beschäftigt, ganz genau rauszukriegen, an welcher Stelle des Totempfahls alle anderen rangierten, und den restlichen Abend verbrachte man damit, sich bei jemandem einzuschleimen, der einen höheren Status hatte als man selbst. Ich habe es gehaßt. Vor allem weil sich nie jemand bei mir einschleimen wollte, denn Praktikanten rangieren natürlich fast so weit unten wie die Öffentlichkeit.[1]

Heute habe ich viele gute Freunde in Washington, und ich weiß, daß nicht alle, die dort wohnen, statusbesessene Arschkriecher sind. Aber trotzdem gibt es dort einfach

---

[1] Bitte fügen Sie an dieser Stelle einen Monica Lewinsky-Witz ein!

viel zu viele Leute, die pausenlos darüber nachdenken, wie wichtig sie sind. Wollen Sie wissen, *warum* diese Leute so wichtig sind? Weil sie in der *Politik* mitmischen. Überall sonst in Amerika gilt In-der-Politik-Mitmischen als institutionalisierte Selbstbefriedigung; für die Washingtoner hingegen ist Politik produktive Arbeit. Sie *lieben* die Politik. Sie können gar nicht genug davon kriegen. Alles und jedes können sie zum Gegenstand von Politik machen, zum Beispiel auch die gesetzlich festgelegte Größe von Löchern im Schweizer Käse.[2]

Einen guten Einblick in die Weltsicht des Washingtoners gibt die erfolgreiche Fernsehserie *Der Westflügel*. Verstehen Sie mich nicht falsch. Ich finde diese Serie gut geschrieben, gut gespielt, flott und unterhaltsam. Aber mal ehrlich: Ist es nicht unerträglich, wie die Figuren nur um sich selbst kreisen, gar nicht fassen können, *wie* wichtig sie sind? Sie sind so wichtig, daß sie sich nicht mal hinsetzen können. Unentwegt hasten sie im Laufschritt durchs Weiße Haus, hasten und hasten, und bei jedem Schritt machen sie Politik. Man sieht nie irgendwo Toiletten, aber ich bin mir ganz sicher, daß einige der Figuren auch im Laufschritt pinkeln.

Natürlich haben sie praktisch gar keine Zeit, auf die Toilette zu gehen, denn im *Westflügel* herrscht immer gerade Krise. Einmal habe ich eine Folge gesehen, in der alle Beteiligten eine Stunde lang hitzig über die Frage debattierten, ob der Präsident eine Gruppe von Umweltschützern dafür tadeln sollte, daß sie den Öko-Terrorismus nicht öffentlich verdammte. Mit anderen Worten: Es ging nur um Worte – darum, ob der Präsident scharfe Worte gegenüber dieser Gruppe verwenden sollte, weil *sie* keine scharfen Worte gegenüber einer anderen Gruppe verwen-

---

2 In den letzten Tagen der Clinton-Administration setzte das Landwirtschaftsministerium die Standardgröße für Löcher im Schweizer Käse neu fest und reduzierte sie auf 3/8 Inch. Die alte Standardgröße lag bei einem Durchmesser zwischen 11/16 und 13/16 Inch. Wir sind uns sicher alle einig, daß durch diese mutige Neuregelung ein bedeutender Schritt zur Verbesserung der Welt gelungen ist.

det hatte. An keiner Stelle war die Rede davon, daß irgend jemand irgend etwas *tun* sollte.

Aber für die Figuren von *Westflügel* war es eine wahnsinnig dramatische Situation. Sie waren alle ganz fertig, wenn auch im Laufschritt. Die Zuschauer wurden in das Drama voll einbezogehen und fieberten mit: Sollte der Präsident tadeln? Sollte er nicht tadeln? Welchen politischen Erdrutsch würde dieser Tadel auslösen? Sollte der Präsident im Laufschritt tadeln?

Man vergißt so leicht, daß sich die große Mehrheit der amerikanischen Steuerzahler außerhalb Washingtons für solche Fragen im Grunde nicht interessiert. Diese Tadel-Frage ist genau die Sorte heiße Luft, Klugscheißerei und Insiderdenken, die in Washington und für vier Leute von der *New York Times* wichtig ist, während der durchschnittliche amerikanische Steuerzahler sie instinktiv für unwichtig hält. Man vergißt das aus einem ganz bestimmten Grund so leicht: Der durchschnittliche amerikanische Steuerzahler kommt in Fernsehserien wie *Der Westflügel* nicht vor. Wahrscheinlich hängt er irgendwo rum und beschäftigt sich mit etwas so Langweiligem, Undramatischem und Politikfernem wie etwa Arbeiten.

Was ich sagen wollte, war: Obwohl es in diesem Buch hauptsächlich um die US-Regierung geht, habe ich kaum Zeit mit Recherche in Washington oder sonstwo verbracht. Ich habe mich einfach hingesetzt und mir alles ausgedacht. Falls Sie also befürchteten, in diesem Buch mit endlosen Fakten und Informationen konfrontiert zu werden: Entspannen Sie sich! Es kommen fast keine darin vor. Um den Mangel an Informationen wieder wettzumachen, habe ich das Buch mit einer Menge spöttischer Bemerkungen gespickt.[3]

Das heißt aber nicht, daß dieses Buch nutzlos wäre. Ganz im Gegenteil. Sie werden sogar feststellen, daß dieses Buch – anders als alle anderen Bücher über die US-Re-

---

[3] Wenn Sie ein Buch über die Regierung suchen, das sowohl Fakten als auch Spott enthält, empfehle ich Ihnen das ausgezeichnete »Parliament of Whores« von P. J. O'Rourke.

gierung und das politische System der USA – unglaublich viele Illustrationen mit Zucchinis enthält. Und vielleicht ... vielleicht finden Sie sogar irgendwo in diesem Buch irgend etwas, das Sie tatsächlich über irgend etwas informiert und das Ihnen hilft, ein besserer Staatsbürger zu werden.

Sollte das der Fall sein, lassen Sie es mich bitte wissen, damit ich diese Kleinigkeit aus der nächsten Auflage streichen kann.

1.KAPITEL:

Über die Ursprünge von Regierungen

Oder: Wie sich der Mensch vor fleischfressenden Pflanzen schützt

Warum gibt es Regierungen?

Eine schwierige Frage. Und wie bei so vielen schwierigen Fragen fällt die Antwort ganz leicht, wenn man an Ameisen denkt. Wenn Sie auf Ihrem Küchenfußboden eine Ameise entdecken, kommt sie Ihnen wie ein unbedeutendes Insekt vor, das ziellos herumkrabbelt. Also treten Sie drauf und verwischen den Fleck, ohne einen weiteren Gedanken daran zu verschwenden.

Wenn Sie sich aber, statt die Ameise zu zertreten, auf Hände und Knie niederließen und das Tier verfolgten, würde etwas Faszinierendes passieren: Sie würden mit dem Kopf an die Wand knallen, wenn die Ameise in ein Loch krabbelt. Aber ich will Ihnen sagen, wohin sie verschwunden ist: Sie hat sich in ihr Nest begeben, in dem eine ganze Ameisenkolonie lebt, die genauso komplex und geordnet ist wie die menschliche Gesellschaft. Sie ist sogar bedeutend geordneter, weil es dort keine Teenager gibt.

Ja, sogar Ameisen – winzige Kreaturen mit kleinen Hirnen, nicht größer als das eines durchgeknallten Anrufers bei einer Hotline – haben eine Regierung. Die Ameisenregierung basiert auf dem von Politikwissenschaftlern so genannten »Geruchsprinzip«, was bedeutet: Welche Rolle jemand in der Gesellschaft spielt, hängt davon ab, welche Chemikalien er ausscheidet. An der Spitze der Hierarchie steht die Königin, die von den anderen Ameisen nach einem sehr kurzen Wahlkampf – während sie aus dem Ei schlüpft – einstimmig gewählt wird.

»Hey!« sagen die anderen Ameisen. »Die riecht wie eine Königin.«

Die meisten anderen Ameisen riechen wie Arbeiter. Sie verbringen ihr Leben damit, durch die Gegend zu krabbeln und Nahrung zu suchen. Dabei tauschen sie mit anderen Ameisen wichtige chemische Informationen (»Ich bin eine Ameise!« – »Na, sowas! Ich auch!«). Es gibt auch fliegende Ameisen. Ihre Aufgabe besteht darin, durchs Haus zu fliegen, so zu tun, als seien sie Termiten, und so die Menschen zu ängstigen. (Das ist das einzige Vergnügen, das sich Ameisen leisten können.)

Ameisen sind nicht die einzigen staatenbildenden Tiere. Ähnliche Organisationsstrukturen finden sich überall in der Natur: Affen leben in Herden zusammen, Vögel in Schwärmen, Fische in Schulen, Würmer in Wurmknäueln, Darmparasiten in Anwaltsbüros und so weiter. Mit anderen Worten: *Staaten und somit Regierungen sind etwas ganz Natürliches*, im Tierreich wie bei den Menschen. Auf gewisse Weise sind wir wie die Ameisen, die über unseren Küchenfußboden krabbeln: Wir führen Futter (Steuergelder) an den Staat (Regierung) ab, und im Gegenzug schenkt uns der Staat Sicherheit (etwa durch die Bundesprüfstelle für Gesunde Avocados).

Natürlich sind Menschen den Tieren weit überlegen: Wir wählen den Präsidenten der Vereinigten Staaten nicht wegen seines Geruchs. Als vernunftbegabte Wesen interessieren wir uns für ganz andere Qualitäten unseres Präsidenten und beurteilen ihn zum Beispiel danach, wie groß er ist. Folglich haben wir in den Vereinigten Staaten ein seriöses, komplexes Regierungssystem auf drei Kompetenzebenen entwickelt.[4] (Von den anderen Tierarten kennen nur die Spechte ein stärker verzweigtes System.)

In diesem Buch wird nun die moderne US-Regierung einer eingehenden Betrachtung unterzogen – woher sie kommt, was sie tut, wer für sie arbeitet, von welchem Pla-

---

[4] Exekutive, Legislative und Verstorbene

neten ihre Mitarbeiter stammen und so weiter. Um aber wirklich zu begreifen, wie die Regierung im Amerika des einundzwanzigsten Jahrhunderts funktioniert, müssen wir einige Millionen Jahre zurückblicken und folgendes untersuchen:

Regierungsformen der frühen Menschheit

Die ersten Menschen waren kleine, behaarte Kreaturen, die auf Bäumen hausten und große Ähnlichkeit mit Danny deVito hatten. Wie ihre nächsten genetischen Verwandten, die Affen, entwickelten sie Daumen und lernten so, etwas festzuhalten. Was den Menschen, nachdem er einige Millionen Jahre in Bäumen herumgesessen und sich gelegentlich mal gekratzt hatte, jedoch vom Affen unterschied, war die wichtigste Entdeckung, die je gemacht wurde, eine Entdeckung, die den Menschen über alle anderen Tiere erheben sollte: Er entdeckte, wie man das Okay-Zeichen formt.

Die Entdeckung dieses Okay-Zeichens verschaffte den Menschen eine enorme strategische Überlegenheit gegenüber den Affen, die nur ein vages Schulterzucken beherrschten.

Das bedeutete: Wenn ein kluger Affe eine gute Idee hatte und beispielsweise das Rad erfand, konnten die anderen Affen – auch wenn sie wirklich beeindruckt waren – nur mit der Schulter zucken, und dann dachte der kluge Affe: »Vergiß es!«

Die ersten Menschen hingegen benutzten das Okay-Zeichen als Antwort auf praktisch alles, was jemand anders machte. So ermutigten sie sich gegenseitig zu immer neuen Fortschritten. Und an jenem historischen Tag, als ein Mensch auf die Idee kam, seinen Baum zu verlassen und stattdessen auf der Erde umherzuwandeln, machten die anderen wieder das Okay-Zeichen.

Das stärkte sein Selbstbewußtsein, und der mutige Forscher betrat den Erdboden. Ein großer Schritt für die Menschheit, vergleichbar dem Moment, als der Astronaut Neil Armstrong zum ersten Mal den Mond betrat. Aber statt zu sagen: »Ein kleiner Schritt für einen Menschen, ein großer Schritt für die Menschheit«, sagte der mutige Forscher: »Örk«, weil ein vorüberziehendes Mastodon auf ihn trat. Die anderen Menschen beobachteten das, machten das Okay-Zeichen und blieben auf den Bäumen, wo sie beschlossen, zu ihrem Schutz eine Regierung zu bilden.

Das System, für das sie sich entschieden, die erste Regierungsform der Menschheit überhaupt, war das Stammessystem. Der Stammesführer wurde durch folgendes Ritual bestimmt:

1. Der Stamm hielt eine Versammlung ab und ernannte einen Heiligen Rat, der aus allen männlichen Erwachsenen des Stammes bestand. Sie setzten sich in einen Kreis, den sogenannten Kreis der Entscheidung, und entschieden nach dem Konsensprinzip, wer der weiseste, vertrauenswürdigste und mutigste unter ihnen war. Dieses Ratsmitglied galt dann als nominiert.
2. Der Nominierte hob einen dicken Stock auf, den sogenannten Behördenstab, hielt ihn hoch und erflehte von den Göttern Erleuchtung.
3. An einem bestimmten Punkt der Zeremonie schlug der Große Dicke Stein der Schwere dem Nominierten den Schädel ein, geführt von der Hand des Mannes Mit Den Stärksten Muskeln. Dieser wurde dann einstimmig zum Stammesführer gewählt.

Die ersten Menschen brauchten ein starkes Regierungsoberhaupt, denn ihr Leben war rauh. Sie waren Jäger und Sammler. Das heißt: Die Männer zogen aus und jagten wilde Tiere, und die Frauen zogen hinterher und sammelten die Körperteile der Männer ein, denn die Tiere in jener Zeit waren wirklich wild.

Wenn es den Menschen einmal gelang, ein Tier zu töten, mußten sie es roh essen. Das blieb für mehrere Äonen so, bis eines glücklichen Tages ein primitiver Mensch, nennen wir ihn Urg[5], zufällig gerade ein Stück Mammut-

---

[5] Name aus rechtlichen Gründen geändert.

fleisch in der Hand hielt, als er im Freien von einem Gewitter überrascht und vom Blitz getroffen wurde. Nachdem sich der Rauch verzogen hatte, probierten die anderen Menschen das nun geröstete Mammutfleisch und stellten fest, daß es viel besser schmeckte als rohes. Sie stellten auch fest, daß Urg ganz köstlich schmeckte.

Diese Entdeckung mündete in die von Archäologen so genannte Grillsaison. Wenn der Stamm ein Tier tötete, ernannte der Stammesführer irgendeine bedauerndwerte Person zum Fleischhalter. Diese Person mußte bei Gewitter im Freien stehen und das Fleisch an einem Stock in die Luft halten, während die anderen Stammesmitglieder in der sicheren Höhle warteten, bis ein Blitz einschlug. Dann wußten sie, daß das Essen fertig war.

Dieses krude System wurde aufgegeben, als die Menschen entdeckten, daß sie selbst Feuer machen konnten, indem sie ganz einfach ein paar Stöckchen aneinander rieben. So hatten sie es schön hell und warm in ihren Höhlen, während sie darauf warteten, daß der Blitz den Fleischhalter traf.

Die Grillsaison währte 1,2 Millionen Jahre. In dieser Periode entwickelten die Menschen einen starken Jieper auf Beilagen. Das wiederum führte zur Entwicklung der Landwirtschaft.

Die frühe Landwirtschaft war sehr arbeitsintensiv: Endlos schufteten die Menschen mit bloßen Händen und holten sich Rückenschäden beim Roden und Beackern[6] der Felder. Dann wurde in bangen Monaten um Regen gebetet, gegen die Pest gekämpft und auf die Felder gestarrt, immer in der Hoffnung, daß alles gut gedeihen möge – was jedoch immer wieder zu bitteren Enttäuschungen führte. Das ging 285.000 Jahre so, bis jemand auf die Idee kam, zuerst Saat auszusäen.

Das war der Durchbruch, und er brachte Gutes wie Schlechtes:

– Gut war, daß die Saat keimte.
– Schlecht war, daß es sich um Zucchinisaat handelte.

---

[6] Was immer »Beackern« auch bedeuten mag.

Innerhalb weniger Stunden schossen gigantische prähistorische Zucchinis aus dem Boden, das Stück bis zu neunhundert Pfund schwer. Die primitiven Menschen waren gezwungen, auf andere Kontinente auszuweichen, wodurch sich die menschliche Rasse auf dem ganzen Erdball ausbreitete.

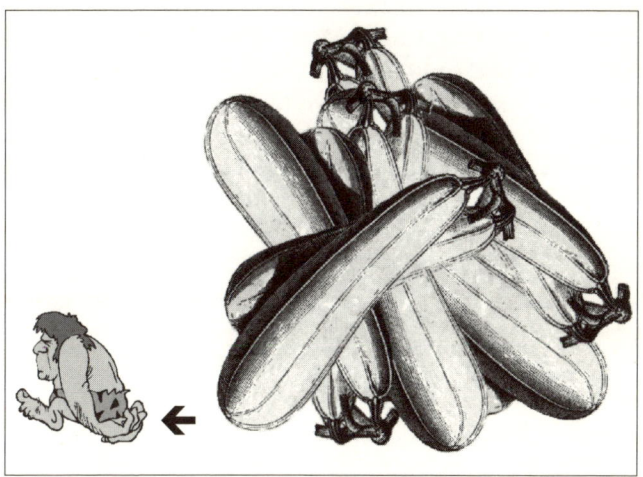

Primitiver Mensch auf der Flucht vor einer Herde Gigantischer Prähistorischer Zucchinis – Künstlerentwurf

Nach und nach lernten die Menschen, weniger feindselige Früchte anzubauen, z.B. Mais und Alfalfa.[7] Sie lernten auch, einfache Werkzeuge anzufertigen, wie den Pflug, die Axt und den Faustkeil.[8] Einige Stämme begannen, Tiere zu zähmen, obwohl das bisweilen recht ungesunde Ergebnisse zeitigte, wie etwa an den übel zernagten Überresten eines Stammes zu erkennen ist, der offenbar versucht hatte, seine Pflüge von Eichhörnchengespannen ziehen zu lassen. Die ersten Tiere, die man erfolgreich dome-

---

[7] Alfalfa wird heute noch angebaut, obwohl der Grund dafür in Vergessenheit geraten ist.

[8] Ursprünglich eigentlich nur ein platter Stein, den man benutzte, um auf Dinge oder Menschen einzuschlagen, bis sie ebenfalls platt waren.

stizierte, waren Hunde. Das war eine große Hilfe, denn sie bellten die ganze Nacht und apportierten Stöckchen und nahmen dem Menschen diese ebenso mühseligen wie notwendigen Arbeiten ab.

Der nächste Meilenstein der technologischen Entwicklung war die Entdeckung des Eisens. Die Eisenzeit begann. Ihr folgte nach etwa sechs Monaten die Rostzeit. Das Vorhandensein von Metall begründete die Große Kampfzeit, denn die Stämme, die nun über Pfeile und Speere aus solidem Metall verfügten, konnten plötzlich ganz leicht andere Stämme besiegen, deren Waffen aus Pappe bestanden und nur mit Alufolie umwickelt waren.

Als die kampfstärkeren Stämme die anderen erobert und große Landstriche unter ihre Kontrolle gebracht hatten, entwickelte sich die Zivilisation. Zuerst in Ägypten, wo eine riesige Nation entstand und dann wieder unterging.

Die ägyptischen Regierungen wurden von Pharaonen[9] geführt, die wie Götter verehrt wurden. Sie besaßen die absolute Macht und konnten tun und lassen, was sie wollten. Es bedarf wohl keiner besonderen Erwähnung, daß sie extrem viele Praktikantinnen beschäftigten.

Wenn die Pharaonen starben, wurden sie zu Mumien und stellten eine große Bedrohung dar: Sie geisterten nachts umher und jagten den Leuten so viel Angst ein, daß diese sich in die Hosen machten. Um diesem Spuk ein Ende zu bereiten, begruben die Ägypter die Mumien tief im Inneren von Pyramiden: die erste Arbeitsbeschaffungsmaßnahme der Geschichte.

Wenn wir heute diese gigantischen Konstruktionen betrachten, fragen wir uns verblüfft: Wie, zum Teufel, haben die Ägypter das hingekriegt? Wie konnte eine antike Zivilisation – ohne auch nur über rudimentäre Bulldozer zu verfügen – diese massiven Steinblöcke derart aufeinanderstapeln?

Die Antwort lautet: Mathematik. Obwohl die Ägypter Tausende von Jahren vor Einführung des schulischen Eig-

---

[9] Ein Wort, das immer aussieht, als sei es falsch geschrieben.

nungstests lebten, waren sie ausgezeichnete Mathematiker, die etwas von Geometrie, Trigonometrie, Division, Cosinus und Trinkgeldberechnung verstanden. Mit diesem Wissen machten sie sich die Hebelgesetze zunutze. Wenn sie einen massiven Stein anheben wollten, berechneten sie einfach die verschiedenen Kräfte und Winkel, schnitzten kräftige Stöcke aus Baumstämmen, hauten sie ihren Sklaven auf den Kopf und schrien: »Hebt diesen Stein hoch!«

Es liegt auf der Hand, daß man für dermaßen praktisch angewandte Mathematik ein großes Heer von Sklaven brauchte. Tatsächlich lagen Sklaven um diese Zeit voll im Trend. Kaum ein Regierungssystem mochte auf sie verzichten. Diese Mode hielt sich bis zur Erfindung des Steuerzahlers.

Jedenfalls erlebte die ägyptische Zivilisation nach einigen Jahrhunderten einen rapiden Niedergang, weil der Sand alles zudeckte. Die nächste große Zivilisation entwickelten die Alten Griechen, die sich ein ganz neues und sehr spannendes Regierungskonzept ausdachten, die sogenannte »Demokratie« – ein Begriff, der sich aus den griechischen Wörtern *dem* (»alle dürfen wählen«) und *okratie* (»außer natürlich Frauen, Sklaven und Arme«) zusammensetzt.

Die Alten Griechen brachten große Denker hervor, zum Beispiel Sokrates, Zorbas und Plato (ein brillanter Lehrer, der die einflußreichste Schule der Alten Welt gründete[10]). Platos bester Schüler war Aristoteles. Er erfand die Logik, und zum ersten Mal wurde es möglich, Dinge zu beweisen, und zwar durch den simplen Trick des »Syllogismus«. Dabei trifft man zwei Aussagen und zieht daraus einen Schluß, etwa so:

1. Manche Kröten sind giftig.
2. Marlon Brando sieht aus wie eine Kröte.
3. Deshalb sollte man Marlon Brando lieber nicht essen.

Mit diesem machtvollen Instrument und unter Füh-

---

[10] Harvard

rung ihres legendären militärischen Genies, Alexander »der Große« Onassis, stiegen die Griechen zur Weltmacht auf. Sie machten es sich zur Gewohnheit, in fremde Länder einzumarschieren und Streit mit Fremden anzufangen, die nicht über den Syllogismus verfügten und daher leicht besiegbar waren. Aber im Jahre 432 vor Christus wandte sich das Schicksal gegen die Griechen, als ihre Feinde, die Spartaner, den Sarkasmus erfanden. Er erwies sich als grausame Waffe. Die Griechen machten ihre Aussagen und zogen ihre Schlüsse daraus, und die Spartaner sagten dann einfach: »Alles klar.« Binnen weniger Stunden kollabierte das griechische Imperium und hinterließ eine Lücke, die schon bald durch das größte, mächtigste, gefürchtetste und einflußreichste Imperium gefüllt werden sollte, das die Welt je gesehen hatte: das der *New York Yankees*.

Nein, Verzeihung, ich greife vor. Das nächste große Imperium war natürlich das der Römer, die ihren Hauptsitz in Rom, Italien, hatten. Die Römer waren ein erstaunliches Volk. Irgendwie hatten sie es geschafft, Latein zu lernen, und sie erfanden viele wichtige Abkürzungen, die heute noch gebräuchlich sind, unter anderem »etc.«, »ibid.«, »OK« und »u. A. w. g.«.

Sie verfügten auch über eine große, streitkräftige, hochgradig disziplinierte Armee mit einheitlichen Uniformen aus Sandalen, Röcken und Helmen mit Bürsten obendrauf. Wenn die römischen Soldaten in fremdes Territorium einmarschierten und sich die Einheimischen vor Lachen im Dreck wälzten und höhnische Bemerkungen absonderten wie »Bitte, bitte, tu mir nicht weh, Mister Bürstenhelm!«, durchbohrten die Römer sie kurzerhand mit ihren Speeren. Auf diese Art eroberten sie den größten Teil Europas und vertrieben die letzten Restbestände der Gigantischen Prähistorischen Zucchini.

Die *pax romana*[11] wurde geschaffen, die mehrere Jahrhunderte andauerte. In dieser Zeit perfektionierten die Römer die innovative Technik des Sklaven mit Speeren-

---

[11] Wörtlich übersetzt: »Periode, die mehrere Jahrhunderte andauerte«.

Durchlöcherns, bauten Straßen, Einkaufszentren etc. Das damalige Regierungssystem wird mit dem *terminus technicus* »Fette-Typen-in-Bettlaken-System« bezeichnet. Es handelte sich dabei um ein *quid pro quo*[12]-Arrangement und funktionierte so:

Die Einwohner der besetzten Gebiete überwiesen den größten Teil ihres Besitzes nach Rom, wo er von fetten Typen in Bettlaken verpraßt wurde.

Als Gegenleistung schickte Rom den Einwohnern der besetzten Gebiete noch mehr fette Typen in Bettlaken.

Schließlich und endlich mußte Rom fallen, allein schon wegen der römischen Zahlen, denn kein Mensch konnte sich merken, wofür »L« stand.[13] Deshalb verschwendeten die Römer viel Zeit mit Herumstehen und Feilschen. Während sie damit beschäftigt waren, überrannten barbarische Stämme wie die Hunnen, die Goten, die Westgoten und die Ostrogoten von Norden her in großen Horden das Land und trieben das Römische Reich trotz der tapferen Gegenwehr römischer Soldaten in den Untergang.

Damit war die Zivilisation zerstört, und die Menschheit versank in der Dunklen Zeit. Es war eine schlimme Zeit, und sie währte etwa tausend Jahre. In dieser Zeit wurden kaum Bücher gelesen, und Unwissenheit breitete sich aus. Es war fast so wie heute, nur ohne Fernsehen.

Das Regierungssystem der Dunklen Zeit war der »Fehdalismus«, denn es basierte auf Fehden. Die größte Fehde war die zwischen Christen und Moslems um das Heilige Land. Immer wieder organisierten Gruppen von Christen Kreuzzüge, machten sich auf ins Heilige Land, das sie für sich beanspruchten. Nach zirka fünf Jahren kehrten die Kreuzritter fix und fertig zurück und schrien herum: »Wir haben es! Wir haben das Heilige Land!« Dann scharten sich die daheimgebliebenen Christen um sie und wollten auch mal gucken, und die Kreuzritter zeigten ihnen eine Kiste voll Dreck. Die anderen Christen sagten: »Das

---

12 Das bedeutet praktisch gar nichts.

13 Bei »C« waren sie sich auch nicht sicher.

bißchen Dreck soll das Heilige Land sein?« Und die Kreuzritter antworteten ganz beleidigt: »Hey, du kannst ja *selbst* losziehen und sehen, wieviel Heiliges Land *du* quer über den ganzen Kontinent schleppen kannst!«

Dann stellten sie das Heilige Land in Schaukästen aus, aber nach wenigen Monaten war davon praktisch nichts mehr übrig, was ja nicht weiter verwunderlich ist, wenn man das ganz normale Wegrieseln und die Souvenirgeilheit der Leute bedenkt. Ein *neuer* Kreuzzug mußte organisiert werden. Dafür brauchte man natürlich viel Geld. Das beschaffte man über ein Wertabschöpfungssystem, das von Leibeigenen getragen wurde. Diese Leibeigenen beackerten[14] das Land, und als Gegenleistung wurden ihnen weder Arme noch Beine abgeschlagen. Dieses System wurde von einer Verwaltungshierarchie organisiert, an deren Spitze ein König stand, wie der beigefügten Auflistung zu entnehmen ist.

Die mittelalterliche Gesellschaftshierarchie

König

Königin

Bube

Graf

Viscount

Discount

Herzog

Earl

Earl Grey

Vasall[15]

Stellvertretender Vasall

Stellvertretender Assistenzvasall

Beigeordneter Vasall des Ersten Stellvertretenden
Assistenzvasallen

Ritter

Pferd

Kuh

---

14 Siehe Fußnote 6

15 Diese Gruppe war nicht beliebt.

> Schwein
> Ente
> Laus
> Kieselstein
> Leibeigener

Das Land war in sogenannte Lehensgüter aufgeteilt. Jedes Lehensgut maß soundsoviel[16] Hektar pro Viertelmorgen Elle. Im Zentrum jedes Lehensguts stand ein Schloß. Um das Schloß zog sich ein Schloßgraben mit einer Zugbrücke, die hochgezogen wurde, wenn ein Schiff passieren wollte.

Manchmal befehdeten sich zwei Lehensgüter, und Soldaten des einen marschierten rüber zum Schloß des anderen und belagerten es. Es gab verschiedene Techniken, die Schloßbewohner zum Aufgeben zu zwingen, etwa das Abschießen von Brandpfeilen, das pausenlose Gröhlen von Trinkliedern[17] oder man klopfte einfach an die Schloßtür und behauptete, man sei der Pizzaservice.

Wenn diese Techniken versagten, griffen die Belagerer bisweilen zum Katapult und bombardierten das feindliche Schloß mit Steinen, toten Kühen oder – diese Waffe wird von Historikern gern als »die Wasserstoffbombe des Mittelalters« bezeichnet – Gigantischen Prähistorischen Zucchinis.

Die Dunkle Zeit war wirklich schlimm, aber glücklicherweise endete sie, als im Jahre 1483 ein berühmter Italiener, Leonardo da Vinci, die Renaissance erfand. Sie läutete eine Epoche ein, in der die Menschheit langsam aus dem unruhigen Schlaf der Unwissenheit erwachte, sich den schleimigen, übel schmeckenden Belag der Ignoranz von den Zähnen bürstete, die Schadstoffe der Intoleranz aus der Blase drückte und die Scheuklappen des Antiintellektualismus ablegte.

Innerhalb weniger Stunden bildeten sich Nationalstaaten, hauptsächlich England, Frankreich, Holland, Groß-

---

[16] Meist 614.

[17] Das älteste überlieferte Beispiel für Open-Air-Konzerte.

britannien, Spanien, die Niederlande, Portugal und das Osmanische Reich. Diese Nationalstaaten konzentrierten sich auf den Handel mit dem Ausland, damit sie an Gewürze herankamen, die damals sehr begehrt waren und von Historikern oft als »die Internetbörse des fünfzehnten Jahrhunderts« bezeichnet werden. Dann kam das Zeitalter der Großen Entdeckungen, in dem gestandene Seemänner mit winzigen Schiffchen in See stachen, um den Rest der Welt zu entdecken. Das erforderte einen ungeheuren Mut, denn wenn wir »winzige Schiffchen« sagen, übertreiben wir keineswegs, wie die folgende Illustration belegt:

Frühes Segelschiff
Abbildung in Originalgröße

Kaum setzten diese gestandenen Seemänner einen Fuß auf eines dieser Schiffchen, versanken sie auch schon wie ein Stein im Meer und wurden zu leichter Beute für Haie und Gigantische Seetüchtige Zucchinis.[18]

Irgendwann kam man auf die Idee, größere Schiffe zu bauen, und erst dann konnte man den Orient erreichen, jede Menge Gewürze laden und sich auf die anstrengende Heimreise begeben. Solche gefahrvollen Reisen dauerten manchmal Jahre, und am Ende kehrten die Seemänner

---

[18] Sie dachten, wir hätten langsam genug von Zucchiniwitzen? Keineswegs!

mit großem Triumph in den Heimathafen zurück, wo sie am Kai von wütenden Landratten empfangen wurden mit Rufen wie: »Ihr habt Muskat mitgebracht? Im Rezept steht aber ausdrücklich Oregano, ihr Idioten!«

Dennoch häuften die Handelsnationen großen Reichtum an. Die typische Nation jener Zeit bevorzugte als Regierungssystem die Monarchie. Das bedeutet: Der ganze Reichtum, abzüglich Spesen, wurde gleichmäßig aufgeteilt und dann dem König übergeben. Der König benutzte diesen Reichtum, um der Nation die fundamentalen Grundpfeiler einer Regierung zu bieten: einen Palast, einen Sommerpalast, einen Winterpalast, einen Gästepalast, ein Jagdschloß, Palastmöbel, Königsporträts und eine der damals üblichen Hinrichtungstechniken.

Natürlich hatte jede Nation auch eine große Armee, denn in jenen Tagen verwickelten sich die Könige aus Neid häufig in ausufernde Kriege. Ein gutes Beispiel dafür ist der Hundertjährige Krieg, den England und Frankreich über ein Jahrhundert führten. Es ging dabei um die Handelshoheit über Flandern. Erst als die meisten Soldaten auf beiden Seiten gefallen waren, stellte sich heraus, daß kein Mensch wußte, wo (oder was) »Flandern« eigentlich war.[19] Man kann sich gut vorstellen, wie herzlich beide Könige hinterher über diesen Schwachsinn gelacht haben.

Als die Nationen Westeuropas erstarkten, kam der Gedanke auf, daß es finanziell viel vorteilhafter wäre, andere Kontinente zu *besitzen*, statt nur mit ihnen zu *handeln*. Folglich brachten sie Afrika, Nord- und Südamerika an sich. Zwar stellte sich heraus, daß dort bereits Menschen lebten, aber es handelte sich nur um Primitive, die nicht einmal englisch sprachen und ihr Land gern hergaben, dazu ihre Rohstoffe und ihre Freiheit. Als Gegenleistung schenkte man ihnen die Zivilisation, zumindest denjenigen, die nicht umgebracht wurden.

Zuerst waren die Europäer hauptsächlich daran interessiert, alles Wertvolle aus den Kolonien rauszuschaffen, vor allem Gold und Silber, was damals sehr teuer war. Hi-

---

[19] Später stellte sich heraus, dass so etwas gar nicht existierte.

storiker sprechen deshalb auch von »den Pokémonkarten des fünfzehnten und sechzehnten Jahrhunderts«, wenn sie Gold und Silber meinen. Nach und nach ließen sich die Europäer jedoch in den Kolonien nieder. Eine dieser Siedlergruppen waren die Pilgerväter, die in England nicht sehr beliebt waren, weil sie an einen strengen, unbeugsamen Gott glaubten, der ihnen befahl, Hüte zu tragen, die wie Baustellenmarkierungen aussahen. 1620 segelten sie von England nach Massachusetts, und noch während der langen, schwierigen und stürmischen Ozeanüberquerung schrieben und unterzeichneten sie das historische Mayflower Compact[20], in dem es heißt: »Mann, ist uns übel!«

Das Mayflower Compact sah auch ein neues Regierungskonzept vor. Danach sollten die Kolonisten selbst entscheiden, statt sich der Autorität eines in der Ferne residierenden Königs zu unterwerfen, und als freie Menschen ihr Schicksal in die eigenen Hände nehmen. Die meisten von ihnen waren schon im folgenden Frühjahr tot. Aber diejenigen, die überlebten, konnten mit Hilfe der freundlichen Eingeborenen genug anbauen, um den nächsten Winter zu überstehen. Noch im Herbst jenes Jahres zelebrierten sie zum ersten Mal Thanksgiving, indem sie sich ein Footballspiel ansahen und die reiche Ernte feierten.

Das erste Thanksgiving
Quelle: Annie Leibovitz

---

[20] Ihr Schiff trug den Namen »Compact«.

Ja, es sah gut aus für die Pilgerväter. Aber große Verände-
rungen warfen ihre Schatten voraus. Die Kolonisten hatten es nämlich gewagt, an der Tube der Unabhängigkeit
zu drücken, und heraus kam die Paste der Selbstbestimmung, und die konnte nichts und niemand in die Tube
zurückbefördern. Die Kulisse für einen neuen Akt der
Weltgeschichte war geschaffen. In dieser Neuen Welt sollte eine ganz neue Regierungsform ausprobiert werden –
ein mutiges und ehrenvolles Experiment im Hexenkessel
der menschlichen Koexistenz. Es mündete in die Grün-
dung der gewaltigsten Großmacht, die je existierte:
Microsoft. Im folgenden Kapitel untersuchen wir die Ur-
sprünge dieser Großmacht und die ihres Heimatlandes,
der Vereinigten Staaten von Amerika. Es ist eine faszinierende Geschichte und eine, in der hoffentlich keine Zucchinis vorkommen.[21]

---

[21] Darauf würden wir aber nicht wetten.

2. KAPITEL:

Die Geburtsstunde der USA

Oder: Der Geist der Freiheit erwacht und hütet Jungkühe

Nachdem die Pilgerväter im letzten Kapitel in der Neuen Welt gelandet waren, gab es etliche historisch bedeutsame Ereignisse, und ehe man sich's versah, schrieb man das Jahr 1765. Zu diesem Zeitpunkt bestanden die späteren Vereinigten Staaten aus dreizehn Kolonien – oder wie es damals voller Stolz in verschiedenen Werbebroschüren hieß: »Den Dreizehn *Ursprünglichen* Kolonien«.

Wie muß man sich nun das Leben in diesen Kolonien vorstellen? Das treffendste Wort dafür ist wohl »kolonial«. Etwa 83 Prozent der Bevölkerung lebte auf Farmen.[22] Folglich begann der Tag einer typischen vierköpfigen Familie morgens um 4:30 Uhr, wenn der Hahn krähte. Sich den Schlaf aus den Augen reibend kletterte Pa aus dem Bett, schleppte sich zur Tür und feuerte – genau wie Generationen von Farmern vor ihm – einen Schuß auf den Hahn ab. Leider waren die Feuerwaffen in jenen Tagen noch sehr ungenau, und so traf Pa meist statt des Hahns eine Kuh. Das panische Muhen, das daraufhin ertönte, weckte auch den Rest der Familie. Der Tag der Farmer hatte begonnen!

Während Pa nach draußen rannte und mit der Mistforke den Hahn jagte, weckte Ma die Kinder, Johnny und Sarah Jane, und alle begannen ihr Tagwerk, während Ma

---

22 Massachusetts, Pennsylvania, Virginia, West Virginia, Maryland, die Kolonie neben Maryland, New York, Upper New York, Brooklyn, Queens, Alaska, Hawaii und die Niederlande.

– wohl wissend, daß der ganze Haushalt von ihrem Fleiß und Geschick abhing – zurück ins Bett schlich, wo sie ihren gegorenen Löwenzahnsaft hortete. Johnny ging raus, um die Kuh zu melken, nicht so einfach, wenn die Kuh wieder mal tot war, und das war sie ja oft. Derweilen schürte Sarah Jane das Herdfeuer und brutzelte ein herzhaftes Farmerfrühstück, bestehend aus Eiern, Speck, Wurst, Hafergrütze, Zwieback, Innereien, Pfannkuchen, Haferbrei, Maiskuchen, Schweinekoteletts, Eichhörnchenfilet und kalorienreduziertem Eisbein – alles für sich allein. (Sarah Jane wog 375 Pfund.)

Inzwischen war die Sonne aufgegangen und der anstrengendere Teil der Farmarbeit fällig. Pa legte dem alten Dobbin[23] das Pferdegeschirr an, machte sich auf zum hinteren Teil des Grundstücks und begann, Steine und Wurzeln aus dem Boden zu ziehen – eine Aufgabe ohne jede Erfolgsaussichten. Es war Schwerstarbeit, aber Pa nahm sie Tag für Tag trotz glühender Hitze auf sich, denn er hatte einen Traum. In diesem Traum verwandelte sich der steinige, von Baumstrünken durchsetzte Boden in ein üppiges, fruchtbares Feld, auf dem er Mais und Weizen und Zierkürbisse anbaute, die ihm schönes Geld einbrachten. Mit dem Geld würde er sich ein besseres Gewehr oder vielleicht sogar eine Kanone kaufen, damit er endlich *diesen verdammten Hahn abknallen* konnte. Es war derselbe Traum, den auch die anderen Farmer in den Kolonien träumten, unter anderem Pas Nachbar, der (was Pa aber nicht wußte) der tatsächliche Besitzer des hinteren Grundstücks war. Pa gehörte das vordere, aber er hatte den Pachtvertrag nicht richtig gelesen. Und der Nachbar hatte nicht vor, Pa über den Irrtum aufzuklären, bevor dieser die letzten Steine und Wurzeln bescitigt hatte.

Während Pa also den Boden bearbeitete, ging Johnny auf die Weide und trieb die Jungkühe zusammen. Dann stand er den Rest des Tages auf der Weide herum, mal auf dem einen, mal auf dem anderen Bein, denn Pa hatte ihm

---

[23] Der Familiensklave.

nicht gesagt, was er mit den Jungkühen eigentlich *tun* sollte, und Johnny traute sich nicht zu fragen. Mittlerweile hatte sich Sarah Jane ans Spinnrad gesetzt, und der Hocker war unter ihr zusammengebrochen, sodaß ihr nichts anderes übrig blieb, als zum Herdfeuer zurückzuwatscheln und sich einen herzhaften Farmerlunch zu brutzeln.

Wenn es Abend wurde, versammelte sich die ganze Familie in der Küche, um den Tag gemeinsam ausklingen zu lassen. Da saßen sie dann alle, außer Ma, die mit Kopfschmerzen im Bett blieb, und Johnny, der immer noch bei den Jungkühen auf der Weide stand, und Pa, der mit einer Axt draußen im Gebüsch hockte und Laute von sich gab, die, wie er hoffte, das Gegacker einer paarungsbereiten Henne täuschend echt imitierten. Daher fiel die Aufgabe, das herzhafte Farmerabendbrot zu vertilgen, ganz allein Sarah Jane zu, die abends manchmal vollkommen erschöpft einschlief, während ihr Kopf noch im Butterfaß steckte.

Ja, das koloniale Leben war hart und erbarmungslos, und viel zu oft fand es durch Unfälle oder Jungkühe ein vorzeitiges Ende. Aber es war ein Leben, das zupackende, unabhängige, selbstbewußte Menschen hervorbrachte, die mit hochgestochener Vornehmtuerei nichts im Sinn hatten.

Das wiederum bedeutete Ärger. Denn die Dreizehn Ursprünglichen Kolonien gehörten, rechtlich gesehen, zu England, und England war zu der Zeit eine Hochburg der hochgestochenen Vornehmtuerei. Es wurde von einem König regiert, der sich den Spitznamen »König Georg III.« zugelegt hatte. Er hielt sich für etwas Besseres, und machte daraus auch keinen Hehl.[24]

Aber die wirkliche Macht in Großbritannien lag in den Händen des Parlaments, dem House of Lords und dem House of Lord Lights. Beide Häuser bestanden aus dekadenten Reichen, die Strumpfhosen trugen, ihr Geld geerbt hatten und nicht in der Lage waren, eine Jungkuh zu er-

---

24 Weiß eigentlich irgend jemand, was dieser Ausdruck bedeutet?

kennen, wenn sie morgens neben einer aufwachten (was oft der Fall war).

1765 verabschiedete das Parlament die Stempelakte – ein Dokument, von dem jeder amerikanische Schüler weiß, daß es irgendwas mit Stempeln zu tun hatte. Warum die Kolonisten das unmöglich fanden, läßt sich leicht nachvollziehen. Lieber wollten sie zur Hölle fahren, als sich von ein paar Jungkuh-Liebhabern in Strumpfhosen irgendwo da drüben in England vorschreiben zu lassen, was sie mit ihren Stempeln tun sollten. Also schlossen sich einige von ihnen zu einem Geheimbund zusammen, nannten sich die *Söhne Der Freiheit* und hielten konspirative Versammlungen ab, wo sie gegen die Stempelakte protestierten. Nach etlichen Monaten wurde ihnen klar, daß kein Mensch etwas von ihrem Protest mitbekam, solange sie nur heimlich protestierten.

Also gingen sie dazu über, ihre Versammlungen in aller Öffentlichkeit abzuhalten, und die Stempelakte wurde schließlich wieder aufgehoben. Sie wurde allerdings sofort durch die Townshendakte ersetzt, die nicht nur schwieriger zu buchstabieren war, sondern auch eine Teesteuer einführte. Nun wurden die Kolonisten richtig sauer. Heute kann man sich gar nicht mehr recht vorstellen, daß sich Amerikaner derartig über Tee aufregten. Wir dürfen aber nicht vergessen, daß zu jener Zeit – wo es weder Cola noch Wasser in Flaschen noch andere Getränke in Dosen gab – »Tee« ein anderes Wort für Marihuana war.

So geschah es, daß sich in der Nacht des 16. Dezember 1773 ein Trupp mutiger Männer als Indianer verkleidete, zum Hafen von Boston schlich und die drei britischen Teeschiffe, die dort ankerten, in einem todesmutigen Befreiungsschlag mit Gigantischen Zucchinis bombardierte.

Das trieb das Parlament auf die Barrikaden. Als Vergeltungsschlag verabschiedete es eine Reihe sehr unpopulärer Gesetze, die sogenannten *Sehr Unpopulären Gesetze*. So wurden den Kolonisten beispielsweise Haftstrafen angedroht, wenn sie die Herstelleretiketten von ihren Klamotten entfernten oder ihre Uhren nicht mindestens zweimal pro Jahr umstellten – und all das ohne jegliche einleuchtende Begründung.

Das war, um es einmal mit einem Wort des großen Dichters und Philosophen Thomas Paine auszudrücken, »schlecht«. Am 19. März 1775, als die Stimmung den Siedepunkt erreicht hatte, setzten sich britische Truppen von Boston in Richtung Lexington und Concord in Bewegung, wo sie sich einem militärischen Desaster gegenübersahen, das auf dem Gong der Geschichte noch ewig nachhallen wird. Sie stellten nämlich fest, daß die Schlachten von Lexington und Concord erst am 19. April 1775 fällig waren. Also marschierten sie wieder nach Boston zurück; einen Monat später begann der Unabhängigkeitskrieg.

Anschließend ereignete sich dann Diverses, bis die Gründungsväter am 4. Juli 1776 den 4. Juli feierten, indem sie die Unabhängigkeitserklärung unterzeichneten, ein heiliges Dokument, das praktisch rund um die Uhr in einem sicheren, vollklimatisierten Tresor im Nationalarchiv verwahrt wird – außer die Clinton-Administration erlaubt ihren Finanziers auf Wahlkampfparties, das Teil zu einem komischen Hut zusammenzufalten und aufzusetzen. Wir Amerikaner halten die Unabhängigkeitserklärung in Ehren, weil sie in der zeitlosen Prosa ihres Autors, Francis »Scott« Key, die Ideale benennt, auf die sich diese große Nation gründet:

Während es uns, dem Volke, im Jammertal des menschlichen Daseins nicht geziemt zu fragen: »Was tut dieses Scheißland eigentlich für mich?«, sondern ganz im Gegenteil, obzwar wir nichts zu fürchten haben als die Furcht selbst, aufdaß die Regierung des Volkes, vom Volke und für das Volk, möge eine einig Nation sein, vor Gott, der da wohnt im Himmel, da auch wir vergeben den Unbefugten, und schwören, die Wahrheit zu sagen, die ganze Wahrheit und nichts als die Wahrheit, bis daß der Tod uns scheide, auf Lebenszeit oder nach 75.000 Meilen, je nachdem welcher Schadensfall zuerst eintritt, Amen.

Noch heute sind wir wie vom Donner geruhrt, wenn wir diese bedeutungsschwangeren Worte lesen. Was die

Gründungsväter damit sagen wollten, war schlicht und einfach dieses: »Warum sollen wir zulassen, daß uns irgendwelche Leute da drüben in England eine inkompetente Regierung und sinnlose Gesetze aufhalsen? Das können wir alles selbst!«

Aber zuerst mußten sie noch den Unabhängigkeitskrieg zu Ende bringen, einen langen, bitteren und eher unübersichtlichen Kampf, auf den wir hier nicht weiter eingehen wollen, weil das doch einiger Recherche bedürfte. Der Punkt ist: Als sich die Briten 1781 nach der Schlacht von Gettysburg endlich geschlagen gaben, konnten die Kolonisten eine neue Nation gründen, die sie die »Vereinigten Staaten von Amerika« nannten, da der Name »Luxemburg« bereits vergeben war.

Ihre nächste Aufgabe bestand darin, ein Regierungssystem auszutüfteln. Zuerst wurde von 1781 bis 1787 ein System ausprobiert, das man »Konföderation« nannte und – um es mit einem Wort des weisen und wortgewaltigen Benjamin Franklin auszudrücken – »vergessen« konnte. Das Problem dieser Konföderation war ihre Schwäche; so bestand beispielsweise die US-Armee nur aus einem Hund namens Jasper. Feindliche Mächte kamen schnell dahinter, daß sie die Vereinigten Staaten niedermachen konnten, indem sie einfach »Hol Stöckchen!« riefen.

Also beschlossen die Gründungsväter, sich etwas Besseres auszudenken. 1787 trafen sie sich in Philadelphia und erarbeiteten in endlosen Debatten ein Dokument, das der ideelle Gesamtentwurf für unsere heutige Nation wurde. Es heißt *Moby Dick.*

Nein, mal im Ernst: Sie entwarfen die Verfassung der Vereinigten Staaten von Amerika. Dieses erstaunliche Dokument ist die Grundlage aller fundamentalen Rechte, die wir Amerikaner heute genießen; dazu gehört auch das Recht, Postwurfsendungen ungeöffnet wegzuwerfen. Dennoch haben, obwohl das wirklich nicht zu fassen ist, die meisten Amerikaner diese Verfassung *nie gelesen.* Viele Amerikaner wissen nicht einmal, was diese Verfassung, auch Konstitution genannt, ist, wie erst kürzlich durch eine Gallup-Umfrage herauskam. 54% der Befragten meinten, es handle sich dabei »womöglich um ein Hokkeyteam«.

Wie kann das angehen? Wie kann es angehen, daß die Amerikaner so wenig über das wahrscheinlich wichtigste politische Dokument wissen, das je verfaßt wurde? Ein Grund ist natürlich, daß viele Amerikaner ziemlich blöd sind. Sonst würden sie nicht massenweise auf Werbung reinfallen.

Aber ein weiterer Grund dafür, daß viele Amerikaner diese »Konstitution« nie gelesen haben, ist dieser: Sie ist ihnen nie in übersichtlicher, lesbarer Form präsentiert worden. Also aufgepaßt, Amerikaner, hier kommt sie nun, die Konstitution, im kompletten Wortlaut, inklusive der selten beachteten Fußnoten.

Die Konstitution der Vereinigten Staaten von Amerika

Präambel

Wir, das Volk der Vereinigten Staaten, streben nach größerer Eintracht, einer funktionierenden Justiz, häuslichem Frieden und freier Benutzung des Wortes »Bezug« in all seinen Konnotationen. Zur Erreichung dieser Ziele formulieren wir nunmehr und hiermit ein Dokument, auf das im folgenden als Konstitution der Vereinigten Staaten von Amerika Bezug genommen wird.

ARTIKEL I

Abschnitt 1
Die Legislative soll aus einem Kongreß bestehen, der wiederum aus einem Senat und einem Repräsentantenhaus bestehen soll, damit sich beide Häuser gegenseitig blockieren können.

Abschnitt 2

Das Repräsentantenhaus soll sich aus Mitgliedern zusammensetzen, die mindestens zwei dunkle Anzüge besitzen und nicht vor kurzem wegen irgend etwas verurteilt worden sind. Sie sollen alle zwei Jahre nach Abschluß eines zweijährigen Wahlkampfes gewählt werden und dürfen so lange wieder kandidieren, wie sie ihren Wahlkreisen massenhaft unnütze Autobahnen verschaffen, die von Steuerzahlern aus anderen Wahlkreisen bezahlt werden.

Abschnitt 3

Der Senat soll aus Mitgliedern bestehen, die Präsident werden wollen und mit Hilfe von mindestens drei Medienberatern eine *Vision Für Amerika* entwickelt haben.

Abschnitt 4

Wenn irgendwo auf der Welt etwas passiert, egal wo und egal was, soll jedes Mitglied beider Häuser innerhalb von zwei Minuten eine Pressemitteilung zu dem Thema herausgeben. Anschließend soll es dazu Anhörungen geben.

Abschnitt 5

Ein Gesetz soll erst dann verabschiedet und rechtskräftig werden, wenn beide Häuser massenhaft unnütze Autobahnen hinzugefügt haben. Der Präsident unterzeichnet das neue Gesetz im Rahmen einer bombastischen Zeremonie im Weißen Haus. Dabei soll jeder Anwesende klar zum Ausdruck bringen, daß alles Positive, was der menschlichen Rasse je widerfahren ist, auch die Erfindung des Feuers, sein persönliches Verdienst ist.

Abschnitt 6

Der Kongreß soll ein Steuerpaket schnüren, das schwerer ist als das schwerste Mitglied des Repräsentantenhauses und des Senats und ein durchschnittlicher Moschusochse zusammen.

Abschnitt 7

Sollte der Kongreß feststellen, daß ein normaler Mensch auch nur einen einzigen Satz dieses Steuergesetzes verstehen kann, wird dieser Satz umgehend zur Neuformulierung an den Gemeinsamen Ausschuß für Bezüge rücküberwiesen.

Abschnitt 8

Abschnitt 8 wird bewußt offen gehalten.

Abschnitt 9

Wird ein Kongreßmitglied bei Diebstahl, Mord oder ohnmächtig neben einem Stripper in der Rotunde des Kapitols erwischt, so soll dieses Kongreßmitglied den politischen Gegner der Vetternwirtschaft bezichtigen.

Abschnitt 10

Der Kongreß ist befugt, Piraterie auf hoher See zu bestrafen.

Abschnitt 11

Piraterie in flachen Gewässern ist in Ordnung.

ARTIKEL II

Abschnitt 1

Es soll eine Exekutive geben, die aus dem Präsidenten und der First Lady der Vereinigten Staaten besteht. Der Präsident soll ein groß gewachsener Mann sein, und die First Lady soll mit dem Präsidenten verheiratet sein; ihr sollen die Belange von Kindern am Herzen liegen, und sie soll viel Haarspray benutzen.

Es soll auch einen Vizepräsidenten geben, aber die Konstitution nennt keine Gründe dafür.

Der Präsident wird alle vier Jahre gewählt. Das Prozedere ist folgendermaßen:

(a) Im tiefsten Winter versammeln sich alle Kandidaten und ihr Troß sowie auch Vertreter der nationalen

Presse mit phantastischen Spesenkonten in Iowa und New Hampshire, falls keine anderen Staaten gefunden werden, die im Winter noch trostloser sind.

(b) Die Kandidaten sollen den Einwohnern dieser Staaten die Hände schütteln und leidenschaftliches Interesse an den örtlichen Problemen, Kindern, Schulen, Schweinen etc. bekunden. Sie tun das solange, bis sie jedem Einwohner wenigstens zweimal die Hand geschüttelt haben und sich insgeheim wünschen, daß gewaltige Vulkanausbrüche in Des Moines und Manchester beide Staaten unter einer meterdicken Lavaschicht begraben.

(c) Während dieser Zeit soll sich niemand in den übrigen Teilen der Vereinigten Staaten – ausgenommen Washington DC und Umgebung – einen feuchten Keks um den ganzen Wahlscheiß kümmern.

(d) Sobald die Einwohner von Iowa und New Hampshire durch all das Händeschütteln mit den scheinbar so wahnsinnig an ihnen interessierten Kandidaten akute Streß-Symptome zeigen, sollen sogenannte Vorwahlen[25] abgehalten werden. Während die Stimmen ausgezählt werden, sollen die Kandidaten, ihr Troß und die Pressevertreter die beiden Staaten in Windeseile verlassen.

(e) Inzwischen hat sich in allen großen Parteien ein Spitzenkandidat herauskristallisiert, der die Wahl höchstwahrscheinlich gewinnen wird. Parallel dazu soll es einen Gegenkandidaten geben, der die Wahl höchstwahrscheinlich nicht gewinnt, bei der Presse jedoch große Beachtung findet, weil die Journalisten ohne Kandidatengerangel keinen Grund hätten, auf Spesen kreuz und quer durchs Land zu reisen. Die Kandidaten und Gegenkandidaten werden während der Folgemonate Wahlkampagnen führen, in denen sie

---

[25] Wir haben keine Ahnung, was Vorwahlen sind, obwohl wir die Konstitution selbst verfaßt haben.

1. jegliche Abhängigkeit vor irgendwelchen Lobbies strikt leugnen,
2. bei eben jenen Lobbies Millionen locker machen.

(f) Während der Hundstage in Hochsommer, wenn in der Gluthitze der Städte die Feuerhydranten schmelzen, werden die großen Parteien in gigantischen Tagungszentren und unter massivem Polizeischutz Parteitage abhalten. Gleichzeitig werden durchgeknallte Demonstranten sich vor diesen Tagungszentren für so abstruse Dinge stark machen wie das Wahlrecht für Einzeller. Auf diesen Parteitagen wird jeder eine Rede halten, der in der Politik irgendwann schon einmal irgendwas gemacht oder gesagt hat. Diese Shows werden niedrigere Einschaltquoten haben als eine Infomercialsendung über eigenhändige Beschneidungen[26]. Die Delegierten werden einen Spitzenkandidaten nominieren, der dann vom Gegenkandidaten herzlich umarmt wird, obwohl dieser während der vergangenen sechs Monate immer wieder öffentlich erklärt hat, neben diesem Spitzenkandidaten wirke Hitler wie Mutter Theresa.

(g) Im Herbst wird es eine Wahlkampagne geben, in der jeder Kanditat
1. seinen Gegenkandidaten dazu aufrufen wird, »persönliche Angriffe unterhalb der Gürtellinie« zu unterlassen und stattdessen über »die Sachfragen« zu sprechen.
2. Wahlwerbung im Fernsehen macht, bei der der Gegner als korrupter und perverser Krimineller dargestellt wird, der Sozialhilfeempfänger am liebsten erschießen würde.

(h) Während im Baseball die World Series ausgetragen wird, soll der eine oder andere Wähler allmählich Verdacht schöpfen, daß sich in der Politik irgendwas tut. »Hey«, werden sie zueinander sagen, »ist demnächst Wahl, oder was?«

---

[26] mit dem Ronco-Wichsomaten.

(i) Am ersten Dienstag im November sollen diejenigen Wähler, die der Wahlkampf nicht ernstlich krank gemacht hat, zur Wahl gehen und dem Kandidaten ihre Stimme geben, der ihrer Meinung nach größer ist.[27]
(j) Alle Spiele der World Series sollen tagsüber stattfinden. So will es die Konstitution, und jeder, der dagegen verstößt, wird ohne Prozeß hingerichtet.
(k) Bitte beachten Sie auch, daß hier von einer sogenannten Wahlmännerversammlung an keiner Stelle die Rede ist.

Abschnitt 2
Der Präsident soll der Oberbefehlshaber der amerikanischen Streitkräfte sein und jedesmal, wenn er den Hubschrauber besteigt oder verläßt, schneidig salutieren. Wenn der Präsident nicht weiß, wie man schneidig salutiert, weil sich seine militärische Erfahrung auf den ehemaligen Besitz einer GI Joe-Figur beschränkt, soll er vor dem Spiegel üben.

Abschnitt 3
Der Präsident wird überall – auch wenn er nur zum Eisessen geht – eine Limousine von der Länge Chiles benutzen.

Abschnitt 4
Wenn eine Football-, Baseball- oder Basketballmannschaft die Meisterschaft gewinnt, wird der Präsident sie zu einer Runde Händeschütteln Unter Männern ins Weiße Haus einladen.

Abschnitt 5
Alle sechs Monate schickt der Präsident Delegationen aus Israel und einem Nachbarland Israels in irgendein verschlafenes Nest in Maryland oder West Virginia, wo es kein anständiges Restaurant gibt, und er wird dafür sorgen, daß sie so lange dort bleiben, bis sie ein Historisches

---

[27] Ein, zwei Zentimeter genügen.

Friedensabkommen unterzeichnen, dessen Lebensdauer dem einer Ente in einer Schrottpresse entspricht.

Abschnitt 6
Bei großen Naturkatastrophen, etwa einer Dürre oder einer Überschwemmung, soll der Präsident ein Polohemd anziehen und mit seinem Hubschrauber über das zerstörte Gebiet fliegen. Dabei soll er ein besorgtes Gesicht machen. Anschließend soll er einige der Betroffenen umarmen und sagen, daß ganz offensichtlich eine Katastrophe passiert ist. Sollte der Präsident bei einer solchen Gelegenheit einmal sagen: »Hey, sieht doch gar nicht so schlimm aus!«, wäre das natürlich ziemlich komisch. Das aber wird der Präsident nicht tun.

Abschnitt 7
Der Präsident wird Praktikanten beschäftigen, für den Fall, daß er mal eine Pizza oder dergleichen braucht.

ARTIKEL III

Abschnitt 1
Der oberste Gerichtshof soll Oberster Gerichtshof heißen. Er besteht aus neun Richtern, die noch ein Fünkchen Leben in sich haben und aufwachen, wenn man sie beispielsweise mit einer Hutnadel piekst.

Abschnitt 2
Von Zeit zu Zeit soll sich der Oberste Gerichtshof mit der Frage der Schwangerschaftsunterbrechung befassen, sie anschließend aber gleich wieder vergessen.

Abschnitt 3
Die Mitglieder des Obersten Gerichtshofes sollen unter ihren Roben splitterfasernackt sein.

ARTIKEL IV

Abschnitt 1
Es gibt mehrere Bundesstaaten.

Abschnitt 2
Jeder Bundesstaat wird von einem Gouverneur regiert, der gern Präsident wäre. Die Legislative der Bundesstaaten ist aus Individuen zusammengesetzt, die zu bedeutungslos sind, um Kongreßmitglieder zu werden.

Abschnitt 3
Jeder Bundesstaat soll ein Motto oder Symbol haben, etwa ein Lied, einen Baum, eine Blume, einen Vogel, ein Mineral, ein Reptil, einen Parasiten oder ein Barbecue-Rezept. Auch soll er sich einen den Tourismus fördernden Slogan ausdenken, wie etwa »Arkansas – Der Direkte Weg Von Mississippi Nach Oklahoma«.

Abschnitt 4
Alljährlich wird jeder Bundesstaat eine Teilnehmerin für die amerikanischen Mißwahlen bestimmen. Die Teilnehmerin soll ein Abendkleid, einen Badeanzug, Talent, ein soziales Gewissen und ein männermordendes Lächeln besitzen.

Abschnitt 5
Jedesmal, wenn der Name New Jersey ausgesprochen wird, bricht schallendes Gelächter aus. Die Konstitution weiß nicht genau, warum.

ARTIKEL V

Abschnitt 1
Es soll eine Nationalhymne mit etlichen unverständlichen Wörtern geben. Darin kommt ein so hoher Ton vor, daß normale Menschen ihn nicht treffen können, ohne sich einen Leistenbruch zuzuziehen.

Abschnitt 2
Zu Beginn jeder größeren Sportveranstaltung soll von einem professionellen Entertainer die Nationalhymne gesungen werden. Er soll sie so langziehen wie das Musical *Cats*, und er soll den Text nicht können.

Abschnitt 3
Die Zuschauer werden am Anfang ein paar Töne mitbrummeln, dann weiter ihr Bier trinken.

ARTIKEL VI

Die Konstitution enthält die Abbildung einer Gigantischen Zucchini.

Zusatzartikel zur Konstitution

Zusatzartikel I
Der Kongreß wird kein Gesetz verabschieden, das den Wasserverbrauch von Toiletten regelt.

Zusatzartikel II
Die Bürger der Vereinigten Staaten werden das metrische System nicht übernehmen. Nicht ums Verrecken.

Zusatzartikel III
Wenn einem Bürger – aus welchen Gründen auch immer – etwas Unangenehmes widerfährt, etwa wenn er absichtlich den Finger in einen automatischen Bleistiftspitzer steckt, so soll dieser Bürger das Recht haben, jede beliebige Person zu verklagen, die ihm oder seinem Anwalt einfällt.

Zusatzartikel IV
Wenn ein Bürger oder eine Bürgerin bei seiner oder ihrer Verhaftung versucht, sein oder ihr Gesicht vor Journalisten oder Fotografen zu verbergen, so gilt er oder sie als *schuldig*.

Zusatzartikel V
Wenn ein Bürger auf dem Postamt einen Stift klaut, soll dieser Bürger Ärger bekommen.

Zusatzartikel VI
Das Limit für die Schnellkasse im Supermarkt soll zehn Teile betragen, und das bedeutet zehn Teile. Ferner darf ein Bürger, der eine Kundennummer für die Fleisch- oder Käsetheke gezogen hat und dann nicht aufpaßt, wenn seine Nummer aufgerufen wird, weil er gerade völlig überfordert vor dem Regal mit Frühstücksflocken steht, nicht auf Mitleid hoffen.

Zusatzartikel VII
Bürger, die glauben, sie dürften im Kino Plätze für ihre Freunde freihalten, können uns mal!

Zusatzartikel VIII
Die Bestimmungen der Konstitution gelten nicht für alkoholfreies Bier.

Zusatzartikel IX
Trinkgelder sollen bei zufriedenstellendem Service 15% betragen. Bürger, die das nicht in den Schädel kriegen, sollen zu Hause bleiben.

Zusatzartikel X
Jeder Bürger hat das Recht, eine Extraportion Salat-Dressing zu verlangen. Die Konstitution würde jedoch gerne wissen, *warum*.

Zusatzartikel XI
Bürger, die laut in ihre Handys sprechen, müssen sich darüber im klaren sein, daß alle anderen Bürger sie hassen.

Zusatzartikel XII
Bürger unter 21 dürfen keine alkoholischen Getränke kaufen, ohne einen gefälschten Ausweis vorzulegen.

Zusatzartikel XIII
Möchte ein Bürger aus sportlichen Gründen einen Wagen fahren, der an Gewicht, Spritverbrauch und Straßenlage dem Lincoln Memorial gleicht, so darf dieser Bürger nicht daran gehindert werden, auch nicht, wenn er Rentner ist. Denn dies, verdammt noch mal, ist Amerika.

Zusatzartikel XIV
Aus Sicherheitsgründen soll das Tempolimit auf Interstate Highways 65 Meilen pro Stunde betragen. (Kleiner konstitutioneller Scherz.)

Zusatzartikel XV
Unbefugten ist das Kopieren von Leihvideos bei Todesstrafe untersagt.

Zusatzartikel XVI
Die Version der Isley Brothers von »Twist and Shout« ist besser als die der Beatles. Das soll fürderhin nicht in Frage gestellt werden.

Zusatzartikel XVII
Alle Bürger – auch solche, die im Koma liegen – sollen pro Tag mindestens einen Anruf erhalten, bei dem jemand aggressiv und penetrant versucht, ihnen günstige Telefontarife aufzuschwatzen.

Zusatzartikel XVIII
Wenn die Lieblingsmannschaft eines Bürgers in einer Play-Off-Runde am Gewinnen ist und die Mannschaft dann plötzlich nur noch derart defensiv spielt, daß die gegnerische Mannschaft mehr Punkte macht als Brad Pitt in einem Frauengefängnis, so darf dieser Bürger mit einer Feuerwaffe auf seinen Fernseher schießen. Der Besitz von Feuerwaffen soll schon allein deshalb jedem Bürger erlaubt sein, weil das Land unter Umständen eines Tages eine gut ausgerüstete Miliz braucht.

Zusatzartikel XIX
Wenn ein Bürger einen Arzttermin hat und länger als eine Stunde warten muß, so ist es diesem Bürger gestattet, den Arzt zu erschießen.

3. KAPITEL:

Unsere Regierung heute

Oder: Wie der Verbraucher vor irreführenden Bezeichnungen für Trockenfrüchte geschützt wird

Als im letzten Kapitel die Regierung der Vereinigten Staaten erdacht wurde, war, ehrlich gesagt, nicht viel mit ihr los:

– Was heute der Kongeß ist, war ursprünglich eine kleine Gruppe von Männern, die sich im Freien trafen, per Rülpszeichen abstimmten und oft Sitzungen vertagen mußten, weil Bären in der Nähe waren.

– Der Oberste Gerichtshof verfügte über nur eine Perücke, die immer weitergereicht wurde, damit derjenige Richter sie aufsetzen konnte, der gerade das Wort ergriff.

– Was wir heute das Lincoln Memorial nennen, war nur vier Fuß hoch und trug keinen Bart.

Die Exekutive bestand aus dem Präsidenten (George Washington), der First Lady (Dolley Madison) und dem Vizepräsidenten *(dessen Namen werde ich noch vor Erscheinen des Buches recherchieren – versprochen, lieber Lektor!)*. Es gab nur drei Kabinettsposten: den des Schatzmeisters (er trug das gesamte Staatsvermögen mit sich herum), den des Kriegsministers (er hatte dafür zu sorgen, daß beide Kanonen auf England gerichtet waren) und den des Steigbügelhalters (er half dem Präsidenten aufs und vom Pferd).

Die Anfänge unserer Bundesregierung waren also recht bescheiden. Das erinnert an den Werdegang einer unscheinbaren Eichel, die zunächst einfach klein und hilflos herumliegt und sich vor Eichhörnchen fürchtet. Wenn diese unscheinbare Eichel aber auf fruchtbaren Boden fällt, wächst sie und wächst, bis sie zu einer mächtigen Eiche mit ausladenden Ästen und aggressiven Wurzeln wird, die einem die Abwasserleitungen zerstört.

So ähnlich war es auch mit unserer Regierung. Das folgende Schaubild verdeutlicht diesen Prozeß; es zeigt die Entwicklung des Bundeshaushalts, bereinigt um die Inflationsrate.

Die Entwicklung der Bundesregierung
Quelle: Alan Greenspan

Wieso wurde die Regierung so groß? Weil sie den Bedürfnissen der Bevölkerung Rechnung trug. 1862 zum Beispiel lebten die meisten Amerikaner noch auf Farmen. Den Bedürfnissen der damaligen Bevölkerung entsprechend und um für genügend Nahrungsmittel zu sorgen, gründete die Regierung das Landwirtschaftsministerium. Mit der wachsenden Anzahl von Farmen und der wachsenden Menge von Nahrungsmitteln ist dann auch dieses Ministerium gewachsen.

Im Zuge von Urbanisierung und Industrialisierung wurde die Landwirtschaft zu Big Busineß. Es wurden viel mehr Nahrungsmittel produziert, als die Amerikaner je verzehren konnten. Die Anzahl der Farmen nahm ab, und nach einer Weile nahm sie noch drastischer ab. Heute sind weniger als zwei Prozent der Gesamtbevölkerung Farmer. Entsprechend verkleinerte sich nach und nach auch das Landwirtschaftsministerium, bis nur noch eine unbedeutende Behörde mit sehr kleinem Budget übrigblieb.

Den letzten Satz kann natürlich nur jemand glauben, dessen Hirn so groß ist wie ein Olivenkern. Selbstverständlich ist das Landwirtschaftsministerium gigantisch. Es gibt jährlich über 50 Milliarden Dollar aus. *Fünfzig Milliarden Dollar.* Das bedeutet: Statt das Landwirtschaftsministerium zu erhalten, könnten wir jedes Jahr die fünfzigtausend ärmsten Farmerfamilien ermitteln und jeder von ihnen eine Million Dollar geben. Mit dem Geld könnten sie nach Las Vegas ziehen und bräuchten keine Kuh mehr zu sehen.

Aber das werden wir natürlich nicht tun, denn dann hätten wir kein Landwirtschaftsministerium mehr, das eine ganze Reihe nützlicher Aufgaben erfüllt, indem es beispielsweise einer Unmenge von Regierungsbeamten Arbeitsplätze bietet. Offiziellen Angaben zufolge handelt es sich hier um »das drittgrößte nicht-militärische Ministerium der US-Regierung mit einer Reihe von angegliederten Behörden, regierungsnahen Institutionen und anderen Einrichtungen, in denen an über 15.000 Orten, verteilt auf alle 50 Bundesstaaten und 80 andere Länder, insgesamt über 100.000 Menschen beschäftigt sind«.

Womit beschäftigen sich all diese Menschen? Ich will Ihnen ein Beispiel nennen: Sie haben ein Auge auf den Weltmarkt für Ölfrüchte[28]. Die Leute, die für dieses spezielle Segment der Landwirtschaft zuständig sind, arbeiten im Amt für den Anbau von Ölfrüchten, das – zusammen

---

[28] Fragen Sie nicht, was Ölfrüchte sind. Das spielt keine Rolle.

mit dem Amt für Saatgut, Baumwoll- und Tabakprodukte – das Amt für Baumwolle, Ölfrüchte, Tabak und Saatgut bildet, das wiederum – zusammen mit dem Amt für Dienstleistungsbetriebe im Agrarexport, dem Amt für Molkereiprodukte, Rinder und Geflügel, dem Amt für Forst- und Fischereiprodukte, dem Amt für Feld- und Tropenfrüchte und dem Amt für Getreideanbau – die Handels- und Marktprogramme der Behörde für Agrarhandel bestimmt, die wiederum – zusammen mit der Behörde für Farmwirtschaft, der Behörde für Risikomanagement und der Gesellschaft für Handelskredite – die Behörde für Farmwirtschaft und Agrarhandel bildet, die – zusammen mit der Behörde für die Entwicklung Ländlicher Regionen, der Behörde für Lebensmittel, Ernährung und Verbraucherschutz, der Behörde für Lebensmittelkontrolle, der Behörde für Natürliche Resourcen und Umweltschutz, der Wissenschafts-, Bildungs- und Wirtschaftsbehörde, den Marketing- und Regulierungsprogrammen – die »sieben Säulen« des in offiziellen Regierungspublikationen als »stromlinienförmig verschlankt« bezeichneten Landwirtschaftsministeriums bildet.

Mir ist klar, daß das für den normalen Steuerzahler kaum zu verstehen ist. Vielleicht ist diese Information graphisch einfacher zu verarbeiten:

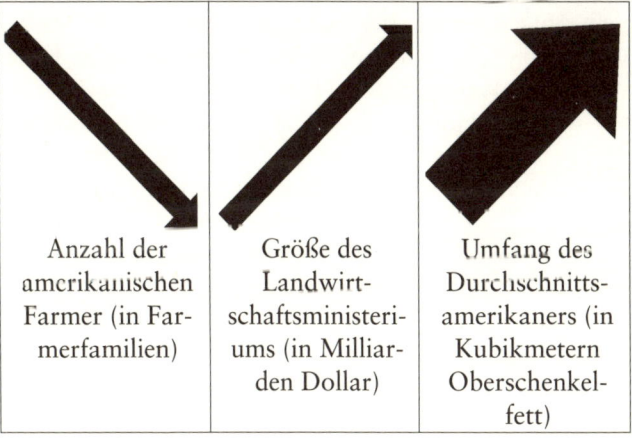

Anzahl der amerikanischen Farmer (in Farmerfamilien)	Größe des Landwirtschaftsministeriums (in Milliarden Dollar)	Umfang des Durchschnittsamerikaners (in Kubikmetern Oberschenkelfett)

Landwirtschaft und Regierung

Aber hier soll nicht nur von Landwirtschaft die Rede sein. Ein weiteres Bedürfnis des amerikanischen Volkes, dem Rechnung getragen werden muß, betrifft das Bildungswesen. Dafür gibt es das Bildungsministerium, das jährlich etwa 40 Milliarden Dollar ausgibt und Tausende von Mitarbeitern beschäftigt, die mit raffinierten Taktiken den Bildungsstandard verbessern, indem sie z.B. Aufgabenprofile verfassen und veröffentlichen. Ein Aufgabenprofil ist ein kompaktes Wörterpaket, von einer Organisation produziert, die nachweisen muß, daß ihre Mitarbeiter nicht bloß den ganzen Tag in ihren Büros rumsitzen und sich Pornos aus dem Internet runterladen. Zur Verdeutlichung hier ein Zitat aus einem Aufgabenprofil des Bildungsministeriums *(WARNUNG! Lesen Sie es nicht, wenn Sie gerade an einer schweren Maschine arbeiten!):*

Die Aufgabe unseres Instituts besteht darin, auf nationaler Ebene Informationen zusammenzutragen und zu verbreiten, die der Formulierung und Umsetzung effektiver Regierungsstrategien, kohärenter Politikschwerpunkte, vernünftiger Managemententscheidungen und angemessener Finanzierungsmodelle Rahmen und Richtung geben sollen, um allen Lernenden und Studierenden einen hohen Bildungsstandard zu garantieren.

Das war, falls Sie es nicht gemerkt haben, ein Zitat aus dem Aufgabenprofil des Nationalen Instituts für das Bildungs- und Finanzwesen, Politikschwerpunkte und Management, das – zusammen mit dem Nationalen Zentrum für Bildungsstatistik, dem Amt für Nationale Bildungs- und Forschungspolitik, dem Amt für die Gewichtung von Forschung und Lehre, dem Nationalen Institut für Frühkindliche Entwicklung und Bildung, dem Nationalen Institut für die Ausbildung von Risikoschülern, dem Nationalen Institut für den Zweiten Bildungsweg, Bibliotheken und Lebenslanges Lernen, dem Nationalen Institut für Leistungsmessung und Lehrpläne, der Nationalbibliothek für das Bildungswesen, dem Nationalen Zentrum für Forschung und Entwicklung und dem Büro für die Entwicklung und Verbreitung von Reformvorschlägen – das Büro für Bildung, Forschung und Berufsfindung bildet, das – zusammen mit dem Büro für Zweisprachige Erziehung und Minderheitensprachen, dem Büro für Bürgerrechte, dem Büro für die Primar- und Sekundarstufe, dem Büro für Weiterbildung, dem Büro für Sonderpädagogik und Rehabilitationsprogramme, dem Büro für Studienbeihilfe und dem Büro für Berufs- und Erwachsenenbildung – die Programmkommission (einfach nur Programmkommission!) des Bildungsministeriums bildet.

Auch dies dürfte für den normalen Steuerzahler zu komplex sein. Hier also eine Graphik zur Veranschaulichung der Zusammenhänge:

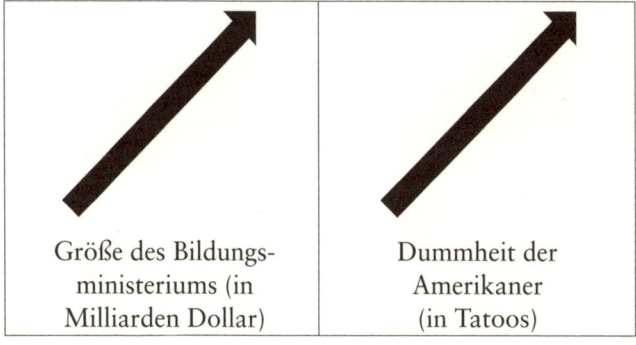

| Größe des Bildungs- ministeriums (in Milliarden Dollar) | Dummheit der Amerikaner (in Tatoos) |

Das Verhältnis von Bildung und Regierung

Die Sache ist die: Was immer die Bedürfnisse des Volkes sein mögen – die Regierung trägt ihnen Rechnung, indem sie sich vergrößert. Dabei spielt überhaupt keine Rolle, wer gerade regiert. Das wurde deutlich, als 1994 konservative republikanische Regierungsgegner unter Führung des großmäuligen Phantasten Newt Gingrich aus Georgia plötzlich die Mehrheit im Kongreß stellten.

Diese Leute *haßten* die Regierung. Wenn man sie reden hörte, konnte man meinen, sie planten Massenhinrichtungen von Regierungsbeamten. Die Republikaner waren entschlossen, Den Regierungshaushalt Zu Kürzen, Die Verschwendungssucht Der Regierung Zu Bekämpfen und Die Ganze Unnütz Aufgeblähte Bürokratie Zum Teufel

Zu Jagen. Insbesondere das Bildungsministerium. Sein Etat war für die Regierungsgegner einfach ... ohne Worte.

Nun darf man nicht vergessen, daß diese Leuten nicht irgendwelche dahergelaufenen Idioten waren. Immerhin waren es die Idioten, die im *Kongreß der Vereinigten Staaten von Amerika die Mehrheit hatten*. Wenn *irgend jemand* in der Lage war, Umfang und Etat der Bundesregierung zu reduzieren, dann diese Leute.

Und was geschah? Wir alle wissen, was geschah. Die Bundesregierung – das Bildungsministerium und alle anderen – wuchs weiter. Ihr Wachstum überrollte die Revolte der Republikaner wie ein Panzer eine Erdnuß.

Wie konnte das passieren? Wie konnten Menschen, die – theoretisch – gewählt worden waren, um eine ganz bestimmte Sache zu erreichen, am Ende das genaue Gegenteil tun? Die Antwort ist: Sobald sie an der Macht waren, entdeckten sie – genau wie alle Machthabenden vor ihnen – die ungeheuer zahlreichen *Bedürfnisse* des amerikanischen Volkes.

Um nur mal ein Beispiel zu nennen: 1998 wurde im Kongreß darüber nachgedacht, welche Bedürfnisse das amerikanische Volk wohl im Hinblick auf die nationale Verteidigung habe, und es wurde beschlossen, für 400 Millionen Dollar militärische Transportmaschinen des Typs C-130 anzuschaffen. Nun hatte aber das Militär, sprich: das Pentagon, nicht nur nicht um diese Flugzeuge gebeten, sondern ganz im Gegenteil ausdrücklich gesagt, daß es diese Flugzeuge nicht haben wolle. Der kostenreduzierende, Verschwendungssucht bekämpfende, republikanisch dominierte Kongreß aber sagte: Wie kommt ihr dazu, zu entscheiden, welche Flugzeuge ihr braucht? In Wirklichkeit wollt ihr diese Flugzeuge, verdammt noch mal! Schon früher, genauer gesagt, seit 1978, hatte der Kongreß das Pentagon immer wieder angewiesen, Hunderte und Aberhunderte dieser C-130-Maschinen zu kaufen, und das Pentagon hat keine einzige haben wollen. Die Gründe des Kongresses sind folgende:

1. Diese Flugzeuge werden in Georgia von Lockheed-Martin gebaut, und diese Firma verfügt traditionell

über eine starke Lobby im Kongreß, zu der zum Beispiel (ganz zufällig) Newt Gingrich gehört.

2. Die fertigen Flugzeuge werden meist an Luftwaffenstützpunkte in der Nähe von Harrisburg, Pennsylvania, geliefert, dem Wahlkreis einflußreicher Kongreßabgeordneter. Die Flugzeuge erwecken durch sinnloses Hin- und Herfliegen den Eindruck großer Betriebsamkeit, sodaß die Kongreßabgeordneten diese Stützpunkte als das Herzstück nationaler Sicherheit angeben können, während das Pentagon sie am liebsten schließen würde, seit sich beim Militär herumgesprochen hat, daß die Russen kein unmittelbares Interesse an Harrisburg haben.

Mit anderen Worten: Einflußreiche Kongreßabgeordnete haben beschlossen, daß das amerikanische Volk diese Militärmaschinen braucht, die das Militär nicht haben will und die den Fortbestand von Luftwaffenstützpunkten rechtfertigen sollen, die das Militär auch nicht mehr haben will. Und das alles, damit viel Geld in die Wahlkreise dieser einflußreichen Kongreßabgeordneten fließt, ihre Wiederwahl gewährleistet ist und sie weiterhin die Bedürfnisse des amerikanischen Volkes definieren und befriedigen können. Was aber die nationale Verteidigung angeht, könnte man ebenso gut den Bau dieser C-130-Maschinen einstellen und einfach die alten über Marietta und Harrisburg kreisen und sie das eingesparte Geld in Hundert-Dollar-Scheinen abwerfen lassen. Dabei bestünde jedoch die Gefahr, daß der Wind ein paar Scheine in die Wahlkreise anderer Kongreßabgeordneter weht.

Ein weiteres Beispiel für das fortgesetzte Wachstum von Regierung und Budgets nach der Machtübernahme der Regierungsgegner: Der Sprecher der Mehrheitsfraktion im Senat, Trent Lott, der sich gern als konservativer Finanzpolitiker präsentiert und aus Pascagoula, Mississippi, stammt, beschloß eines Tages, daß die Marine einen Flugzeugträger für Kampfhubschrauber brauche und daß dieser Flugzeugträger in, oh Zufall, Pascagoula, Mississippi, gebaut werden sollte. Die Marine hatte nie um diesen Flugzeugträger gebeten, wurde nun aber aufgefordert, eine Summe zu nennen, die voraussichtlich benötigt würde, um das Projekt in Angriff zu nehmen. Die Marine einigte sich auf 295 Millionen Dollar.

295 Millionen Dollar klingen für einen nichtswürdigen Wurm von Steuerzahler vielleicht wie ein Haufen Geld, aber für den Mehrheitsführer im Senat sind das Peanuts, denn er kennt das Verteidigungsbedürfnis des amerikanischen Volkes. Also schickte ein Mitarbeiter von Senator Lott ein Fax an den zuständigen Marineadmiral und teilte mit, daß 295 Millionen Dollar (Zitat) »die falsche Antwort« sei. Ferner enthielt das Fax die Information, Senator Lott denke eher an eine Summe »zwischen 375 und 500 Millionen«. Senator Lott bekam schließlich 375 Millionen Dollar bewilligt; dieser Flugzeugträger, den niemand haben will, wird den Steuerzahler am Ende an die 1,5 Milliarden Dollar kosten.

Oder anders ausgedrückt: Wenn man mal alle Steuern zusammennimmt, die man im Laufe seines Lebens zahlt, dazu die Steuern der ganzen Familie und die Steuern, die alle Leute, die man kennt, je gezahlt haben – das ganze Geld also, das all diese Leute der Regierung zur Verfügung gestellt haben –, dann fehlt immer noch mehr als eine Milliarde an der Summe, die der Senator Lott »auf Wunsch des amerikanischen Volks« für den Bau eines Schiffes ausgeben will, um das die Marine nicht gebeten hat. (Sollten Sie sich fragen, ob Senator Lott den nötigen Hintergrund mitbringt, um der Marine vorschreiben zu können, welche Schiffe sie braucht, müssen Sie folgendes wissen: In den sechziger Jahren, als viele junge Männer im wehrfähigen Alter den Militärdienst verweigerten, diente Trent Lott – aus Überzeugung – als Cheerleader bei Ole Mississippi.)

Mir fällt auf, daß ich mit den Republikanern hart ins Gericht gehe. Das liegt daran, daß es in der Regel Republikaner sind, die vollmundig versprechen, Die Verhältnisse Zu Ändern Und Etwas Gegen Die Regierungswillkür Zu Unternehmen. Die Demokraten tun gar nicht erst so, als ob. Die lieben große Regierungsausgaben. Während die Republikaner wenigstens sagen, daß sie Ausgaben und Steuern senken wollen, kommt den Demokraten so etwas gar nicht erst in den Sinn. Sogar in Zeiten übergroßer Steuereinnahmen, wenn wir Steuerzahler Geld im Überfluß nach Washington überweisen, fällt es den Demokraten nicht im Traum ein, uns von dem Geld etwas wiederzugeben; stattdessen denken sie sich lieber neue Programme aus für Dinge, von denen sie spüren, daß das Volk sie braucht. Wenn sich zwei Demokraten streiten, hört sich das so an:

ERSTER DEMOKRAT: Ich werde mich für ein bezahlbares Gesundheitswesen einsetzen, das allen Amerikanern zugute kommt.

ZWEITER DEMOKRAT: *Ich* werde mich für ein *kostenloses* Gesundheitswesen einsetzen, das allen Amerikanern zugute kommt.

ERSTER DEMOKRAT: Ach ja? Dann werde *ich* mich für ein kostenloses Gesundheitswesen für alle Amerikaner *und ihre Haustiere* einsetzen.

ZWEITER DEMOKRAT: Ach *ja?* Ich setze mich aber auch für ein kostenloses Gesundheitswesen in Mexiko und Kanada ein!

ERSTER DEMOKRAT: Ach JA? Dann setzte ich mich für ein kostenloses Gesundheitswesen ein, *das auch Gesunde in Anspruch nehmen können.* Bewaffnete Einsatzkommandos sollen die Häuser gesunder Menschen stürmen und sie von ihren Macken befreien!

ZWEITER DEMOKRAT: ACH JA? Ich lasse die Toten ausgraben und gebe ihnen ...

Beide Parteien sind also am permanenten Wachstum von Regierungsorganen und -budgets schuld. Vielleicht denken Sie jetzt, daß wir einfach dauernd die falschen Leute in den Kongreß wählen. Vielleicht denken Sie auch, daß Sie, wenn *Sie* – ein ganz normaler Steuerzahler mit gesundem Menschenverstand – im Kongreß säßen, etwas gegen die horrenden Regierungsausgaben unternehmen würden. Bitte halten Sie mich nicht für unhöflich, wenn ich darüber lache.

Zunächst einmal *können* Sie gar nicht in den Kongreß gewählt werden, denn in unserem politischen System wird praktisch nur derjenige in den Kongreß gewählt, der einen Riesenbatzen Geld auftreibt, um seinen Wahlkampf zu finanzieren, und die einzige Möglichkeit, *das* hinzukriegen, besteht darin, daß man schon im Kongreß sitzt. Aber gehen wir mal von einem Wunder aus. Nehmen wir mal an, das amtierende Kongreßmitglied, gegen das Sie antreten, wird nackt in einem Motelzimmer fotografiert, neben sich ein Shetlandpony, das nicht seine Frau ist, und: Sie werden tatsächlich gewählt.

Dann gehen Sie also nach Washington, wo Sie für den normalen Steuerzahler kämpfen wollen. Tja, und nun raten Sie mal, wie es weitergeht! Sobald Sie in Washington sind, sehen Sie überhaupt keine normalen Steuerzahler mehr! Die sind nämlich alle zu Hause und arbeiten, damit sie Steuern zahlen können. Die Leute, die Sie in Washington treffen, sind alle Mitglieder von Organisationen, die an politischen Entscheidungen mitwirken wollen, mit anderen Worten: Sie wollen Geld. Der Deal funktioniert so: Sie verschaffen ihnen den Zugang, und Sie bekommen dafür Unterstützung von ihnen, mit anderen Worten: Geld.

Sie werden also feststellen, daß Sie die meiste Zeit in Ihrem Büro rumsitzen und Leuten aus Organisationen wie der Interessensgemeinschaft Artgerechter Wieselzüchter zuhören, die Ihnen mit einschläfernder Liebe zum Detail klarmachen, wie wichtig das artgerechte Züchten von Wieseln für die ökonomische Gesundheit des Landes insgesamt und besonders für Ihren Wahlkreis ist. Man wird Ihnen herzzerreißende Fotos von traurig dreinblickenden arbeitslosen Wieselzüchtern und ihren hungrigen, verlausten Kindern zeigen. Man wird Ihnen erklären, wie dieser einst so blühende Industriezweig und der allgemeine Lebensstandard den Bach hinuntergehen werden, wenn die Regierung nicht endlich etwas gegen die gigantischen Wieselfarmen in Taiwan unternimmt oder gegen das gewissenlose Programm von Microsoft, mit dem man virtuelle Wiesel[29] erzeugen kann. Man wird Ihnen klarmachen, daß es sich um die eigentlich wichtigste Frage der Menschheit handelt.

Um diese Leute loszuwerden, versprechen Sie ihnen schließlich, sich um ihr Anliegen zu kümmern. Aber sowie die Wieselzüchter Ihr Büro verlassen, schiebt sich eine Abordnung der Vereinigten Chrompolierer herein, drängt Sie mit dem Rücken zur Wand (es handelt sich um baumlange Kerle) und fragt, ob Sie eigentlich wissen, wie viele Chrompolierer in Ihrem Wahlkreis wohnen[30] und wie hoch Ihrer Meinung nach der Prozentsatz des in ausländischen Klitschen unter ausbeuterischen Arbeitsbedingungen polierten und dann in Amerika verkauften Chroms ist. Und wenn *die* endlich wieder gehen, stellen sich Ihnen die Lobbyisten der Föderation Der Hersteller Jener Gummibänder Mit Denen Hummerscheren In Restaurantaquarien Zusammengehalten Werden in den Weg und legen sehr überzeugend dar, daß Sie, wenn Sie nichts für ihre krisengeschüttelte Branche und die gefährdeten Arbeitsplätze in Ihrem Wahlkreis tun, keinen Deut besser sind als die Feiglinge, die nichts unternommen haben, als Hitler die Tschechoslowakei überfiel.

Und immer so weiter, Tag für Tag, nervtötend. Ständig haut Sie jemand an und verlangt von Ihnen, daß Sie etwas für ihn tun, und die Dinge, die Sie tun sollen, zielen in keinem Fall darauf ab, Steuergelder einzusparen. Sie fangen an, die anderen Kongreßmitglieder mißtrauisch zu beäugen und sich zu fragen: »Hey, wenn die Regierung die Ölfrüchte unterstützt, warum nicht auch die Chrompolierer?« Und schließlich finden Sie eine Möglichkeit, den Chrompolierern tatsächlich zu helfen, indem Sie ihnen ein paar Millionen Dollar zuschanzen, und das Unwohlsein, das Sie dabei empfinden, schaffen Sie sich vom

---

[29] »Virtuelle Wiesel« wäre ein klasse Name für eine Rockband.

[30] Auf ihren Autos kleben Sticker mit der Botschaft: ICH BIN MITGLIED DER CHROMPOLIERER-GEWERKSCHAFT – UND ICH BETEILIGE MICH AN WAHLEN!

Hals, indem Sie sich sagen, daß ein paar Millionen in Washington gar nichts sind. Ein paar Millionen Dollar gibt die Bundesregierung ja schon allein für Zahnseide aus. Aber für die Chrompolierer sind Sie natürlich der Held. Die fahren nach Hause zurück und sorgen dafür, daß Sie wiedergewählt werden, damit Sie sich weiterhin für ihre Belange einsetzen können.

Nach und nach begreifen Sie, daß es grundsätzlich falsch ist, im Kongreß gegen Ausgaben egal welcher Art zu stimmen. Denn wenn man das tut, erfahren die Steuerzahler, deren Geld Sie sparen, ja doch nichts davon, aber die Interessengruppe, der Sie mit Ihrer Stimme etwas verweigern, wird über Sie herfallen wie eine Heer von Killerameisen. Wenn Sie für Ausgabenkürzungen des Landwirtschaftsministeriums stimmen, hassen Sie die Farmer. Wenn Sie für Ausgabenkürzungen des Bildungsministeriums stimmen, haßt Sie die Lehrergewerkschaft. Wenn Sie laut überlegen, daß der Staat vielleicht nicht unbedingt die Kosten für rezeptpflichtige Arzneien von wohlhabenden Rentnern mit mehr als drei Yachten übernehmen muß, fallen die Mitglieder von Rentnerorganisationen über Sie her und schlagen Sie mit den Straßenschildern für Behindertenparkplätze grün und blau.

Es wird also nicht lange dauern, bis Sie, wie alle anderen Kongreßmitglieder auch, Zuschüsse zu allem möglichen bewilligen, sich die Unterstützung dieser und jener Gruppe sichern und Etats verabschieden helfen, die von Jahr zu Jahr üppiger ausfallen. Natürlich werden Sie sich weiterhin als jemand geben, der ein strenges Auge auf die Staatsfinanzen und die Verschwendungssucht der Regierung hat, aber Sie werden auch deutlich machen, daß diese Haltung nicht gleichbedeutend ist mit Herzlosigkeit. Denn schließlich wollen Sie nicht, daß Ihre Kinder in einem Land aufwachsen, das zu geizig ist, um bedürftigen Wieselzüchtern unter die Arme zu greifen!

So kommt es, daß die Bundesregierung wächst und wächst. Nichts kann sie aufhalten, außer vielleicht (nicht daß ich dafür wäre) ein Meteoriteneinschlag ins Kapitol.

Aber selbst der würde vermutlich nichts ändern. Würde der komplette District of Columbia in einem gigantischen, kilometertiefen Krater versinken, müßten sich die Steuerzahler wahrscheinlich am Rand aufstellen und Geld in das rauchende Loch werfen.

Nichts und niemand kann die Bundesregierung also daran hindern zu wachsen, immer aufgeblähter zu werden und unvorstellbare Summen für Dinge auszugeben, die die meisten Steuerzahler, würde man sie je dazu befragen, gar nicht haben wollen.

Aber gibt es nicht hier, wie überall, auch eine Kehrseite der Medaille? Profitieren wir nicht auch von der Regierung?

Aber ja. Und nicht nur bei so offensichtlichen Dingen wie der Sozialversicherung – übrigens ein erstaunlich großzügiges System. Es funktioniert so: Wenn wir unser gesamtes Arbeitsleben lang Geld an die Regierung abgeführt haben und uns zur Ruhe setzen, gibt die Regierung – das muß man sich mal vorstellen! – uns etwas davon *zurück*! Aber es geht hier, wie gesagt, nicht nur um die Sozialversicherung, sondern um andere Segnungen, die die Regierung uns zuteil werden läßt, obwohl wir sie meist nicht einmal wahrnehmen.

Ich nenne mal ein Beispiel: 1999 beschloß in Kalifornien die Gesellschaft für Backpflaumen (möglicherweise die einzige Backpflaumen-Gesellschaft der Vereinigten Staaten überhaupt), daß Backpflaumen fortan »Trockenpflaumen« heißen sollten. Eine Marktanalyse hatte ergeben, daß »Trockenpflaumen« den amerikanischen Verbraucher mehr ansprechen als »Backpflaumen«.

Ehe ich fortfahre, lassen Sie mich eins klarstellen: Backpflaumen sind Trockenpflaumen. Ich habe das im Wörterbuch nachgeschlagen und auch der Webseite der kalifornischen Gesellschaft für Backpflaumen entnommen: www.prunes.org[31]. Hier finden sich viele interessante Informationen über Backpflaumen, unter anderem eine

---

[31] Eine andere hochinteressante Webseite ist die von Dole Food: www.dole5aday.com.

Abhandlung über die Geschichte der Backpflaume, in der man lernt, daß die Backpflaume aus dem Kaukasus stammt und sich von dort aus langsam über den gesamten Balkan verbreitete, »wo seither Wohlstand herrscht«[32]. 1856 wurde die Backpflaume von einem Franzosen namens Louis Pellier in Nordamerika eingeführt. Er war als Goldsucher nach Kalifornien gekommen, hatte aber offenbar keins gefunden und beschloß stattdessen – wie so viele, deren Träume nicht wahr wurden –, Backpflaumen zu produzieren. Das Ergebnis war die weltberühmte kalifornisch-französische Backpflaume, die sich, nach Angaben der Gesellschaft für Backpflaumen, unter anderem durch ihren »kleinen glatten Kern« auszeichnet.

Nun könnte man denken: Wenn Backpflaumen ohnehin Trockenpflaumen sind, dann soll man sie auch so nennen. Aber das ist natürlich falsch. Die Gesellschaft für Backpflaumen reichte einen Antrag beim Amt für Lebensmitteldeklarierung ein, das – zusammen mit dem Amt für Kosmetik und Farben, dem Amt für Produktakzeptanz, dem Amt für Nahrungsmittel und Getränke aus Gewächshäusern und Molkereien, dem Amt für Meeresfrüchte, dem Amt für Nahrungsmittelverstärker, dem Amt für Sonderforschungen, dem Amt für Feldforschung und dem Amt für Wissenschaftsanalysen – das Zentrum für Lebensmittelkontrolle und Angewandte Ernährungswissenschaften bildet, das – zusammen mit dem Amt für Regulierungsbedarf, dem Nationalen Zentrum für Toxikologische Forschung, dem Zentrum für Biologische Evaluation und Forschung, dem Zentrum für Drogenevaluation und –forschung, dem Zentrum für Radiologie und dem Zentrum für Veterinärmedizin – die Nahrungsmittel- und Drogenbehörde bildet, die – zusammen mit der Behörde für Jugend und Familie, der Behörde für Fragen des Alterns, dem Amt für Gesundheitspolitik und Medizininische Forschung, dem Amt für Giftstoffe und Seuchenerfassung, den Zentren für Seuchenkontrolle und präven-

---

32 »Wohlstand durch Backpflaumen« wäre übrigens auch ein schöner Name für eine Rockband.

tion, dem Amt zur Finanzierung des Gesundheitswesens, dem Amt für Gesundheitsvorsorge und -pflege, dem Gesundheitsdienst für Indianer, den Nationalen Gesundheitsinstituten, dem Zentrum zur Unterstützung Nationaler Gesundheitsprogramme und dem Amt für Sucht- und Geisteskrankheiten – das Gesundheitsministerium bildet.

Als also die Anfrage kam – falls Sie vergessen haben, worum es überhaupt geht: die Anfrage der Gesellschaft für Backpflaumen, ob sie Backpflaumen, bei denen es sich, wie gesagt, um Trockenpflaumen handelt, Trockenpflaumen« nennen darf –, reagierte die für Nahrungs- und Genußmittel zuständige Behörde umgehend und tat ... nichts. Etliche Monate gingen ins Land, ohne daß eine Antwort gekommen wäre (vielleicht waren alle damit beschäftigt, neue Aufgabenprofile zu verfassen). Bis beide kalifornischen US-Senatoren an die Behörde für Nahrungs- und Genußmittel schrieben und nachfragten, was eigentlich los sei. Sechs weitere Monate vergingen. Aber dann schrieb Melinda K. Plaisier, eine Behördensprecherin, einen Brief, in dem es hieß: »Wir befürchten eine Irreführung der Konsumenten, wenn Backpflaumen künftig unter einem anderen Namen firmieren.« Plaisier bat im Namen ihrer Behörde um mehr Informationen[33], insbesondere in bezug auf »die Auswirkungen (auf die behördlichen Regularien) der Backpflaumen-Umbenennung«, »internationalen Aspekte der Namensänderung«, »Ergebnisse der Marktforschung in den Vereinigten Staaten und anderen Ländern«, »alternativen Vorschläge zur Produktbezeichnung und Angabe von Gründen, aus denen man andere Bezeichnungen für ungeeignet hält«, desgleichen wünschte sie beziehungsweise ihre Behörde darüber informiert zu werden, warum »Backpflaumen in Europa besser vermarktet werden als in den Vereinigten Staaten« und bat um einen »Maßnahmenkatalog, mit dessen Hilfe

---

[33] Diese Information entnahm ich der ebenso unterhaltsamen wie informativen Kolumne »In the Loop« der *Washington Post*, in der Al Kamen die Steuerzahler abwechselnd zum Lachen bringt oder an den Rand des Selbstmords treibt.

die Konsumenten über die Namensänderung aufgeklärt werden, sowie Informationen über Webseiten zum Thema Pflaumen und Backpflaumen«.

Anfang des Jahres 2000 unterhielt ich mich mit Rich Peterson, dem Vorstandsvorsitzenden der Gesellschaft für Backpflaumen, über diesen Vorgang. Er sagte mir, er sehe die Sache mit »verhaltenem Optimismus« und gehe davon aus, daß die Behörde für Nahrungs- und Genußmittel der Industrie irgendwann gestatten werde, Backpflaumen in »Trockenpflaumen« umzubenennen. Er sagte auch, die Öffentlichkeit sei sehr dafür.

»Die Leute können es gar nicht glauben, daß die Behörde für Nahrungs- und Genußmittel uns nicht gestattet, Backpflaumen als Trockenpflaumen zu bezeichnen«, sagte er.

Und genau das ist der Grund, warum man Entscheidungen dieser Art nicht der Öffentlichkeit überlassen kann. Die Öffentlichkeit ist, um es einmal ganz deutlich zu sagen, einfach nicht in der Lage, die vielen Implikationen zu überblicken und zu verstehen, die der Kontroverse Backpflaume contra Trockenpflaume innewohnen – schon gar nicht die internationalen Aspekte. Genausowenig überblickt und versteht sie die anderen internationalen Verwicklungen, Krisen und Probleme, mit denen sich der Kongreß und der Präsident und Hunderte von Bundesbehörden mit Tausenden von Mitarbeitern in unserem Interesse permanent befassen, ohne dafür etwas von uns zu verlangen – außer große Teile unserer Einkommen und Erbschaften.

Um dieses Kapitel also zusammenzufassen: Die Bundesregierung ist zu einem gigantischen, unvorstellbar teuren, irrwitzig komplizierten und absurd autoritären Gebilde geworden. Und dennoch bemüht sich dieselbe Regierung ernsthaft, wenn auch auf die ihr eigene schwerfällig-föderale Art, uns zu helfen, genauso wie King Kong ernsthaft glaubte, er helfe der Weißen Frau, als er sie gegen ihren Willen aufs Empire State Building schleppte.

Wir müssen uns also fragen: Ist dieses System noch zu

retten? Können wir, das Volk, durch politische Aktivitä-
ten und nachdrückliche Forderungen eine sinnvolle Reform unseres Regierungssystems bewirken – eine Reform,
bei der positive Elemente erhalten bleiben und zugleich
alles Überflüssige, Aufgeblasene, Unnütze, Dumme abge-
schafft wird? Diese Frage möchte ich mit diesem Buch beantworten. Um's kurz zu machen, tu ich's gleich: Nein,
können wir nicht.

Stattdessen sollten wir lernen, die Regierung als reines
Entertainment zu betrachten, als Komödie von so exqui-
siter Verschrobenheit, wie sie nur Leute schaffen können,
die jährlich fast zwei Billionen Dollar in den Rachen geworfen bekommen und in Sachen Finanzmanagement so
versiert sind wie ein Eimer voll Fischfutter. Das vorliegende Buch ist eine Hommage an dieses Entertainment. Also
lehnen Sie sich bequem zurück, lassen Sie sich eine
Trockenpflaume auf der Zunge zergehen und genießen
Sie! Immerhin haben Sie dafür bezahlt.[34]

---

[34] Die Regierung, meine ich. Ich hoffe, daß Sie das Buch nicht bezahlt
haben.

4. KAPITEL:

Eine Wanderung durch Washington DC

Oder: Die wunderbare Welt der Gänge und Korridore

Wie für die meisten Amerikaner wird Ihr erster und vielleicht einziger Aufenthalt in Washington eine Klassenreise gewesen sein. Ich meine die Sorte Reise, für die die ganze Klasse vorher Geld auftreiben muß, indem sie ihrer Verwandtschaft und den Nachbarn lauter unnütze Dinge aufschwatzt, wie etwa eine Wagenwäsche, nach der der Wagen des bedauernswerten Opfers schmutziger ist als vorher, oder man dreht den Leuten Weihnachtskarten an, die man dann aber nicht vor Februar bei ihnen abliefert.

Unschuldige Menschen zu belästigen, um Geld für Klassenreisen aufzutreiben, hat bei amerikanischen Schülern Tradition. Die Reise nach Washington gilt als die ultimative Bildungsreise – und eine wunderbare Möglichkeit für junge Leute, ihre Bundeshauptstadt zu besuchen und endlich einmal auszuprobieren, wie tief sie ihre Zungen in anderer Leute Hälse stecken können. Hemmungsloses Petting hinten im Bus ist ein wesentliches Element jeder Klassenfahrt. Dabei spielt es überhaupt keine Rolle, ob es sich um die Abschlußklasse der Militant Christlichen Akademie Für Junge Leute Mit Keuschheitsgürteln handelt und ob alle Begleitpersonen mindestens den Rang eines Ayatollas bekleiden. Sowie sich der Bus in Bewegung setzt, werden Körperflüssigkeiten ausgetauscht.

Das soll aber nicht heißen, daß Sex das einzige ist, was

Klassenfahrten auszeichnet. Ein Schüler, der die Bundeshauptstadt besucht, lernt viele wichtige, charakterbilden-
de Dinge, zum Beispiel:

1. Wie man Fußgängern aus dem fahrenden Bus heraus
   den nackten Hintern zeigt.
2. Wie man schwankend und nach Bier stinkend in seiner Zimmertür steht und dem Sportlehrer, Mr. Bom-
   perman, dem ein halb verdautes Stück Pizza auf der
   linken Schulter klebt, weiszumachen versucht, daß ein
   anderer Schüler, einer, der zufällig genauso aussieht
   wie man selbst, ihn aus dem Hotelfenster vollgekotzt
   hat.
3. Wie wichtig es ist, Schildern zu glauben, die darauf
   hinweisen, daß jeder Bombenalarm, sogar extrem wit-
   ziger Bombenalarm, ernstgenommen wird. Diese Erkenntnis kommt den meisten allerdings immer erst,
   wenn sie nackt vor der Hauptstadtpolizei stehen und
   ihre Körperöffnungen inspizieren lassen.

Ja, auf einer Klassenfahrt nach Washington DC kann
man viel lernen. Deshalb sehen viele Schüler von der
Stadt oft gar nichts. Wenn man an einem Frühlingstag,
also zur besten Klassenfahrtzeit, ins Kapitol geht, sieht
man jede Menge Schüler herumstehen. Überall das gleiche Bild: Ein paar Leute drängen sich in irgendeinem
Flur um irgendeine Statue, während irgendein Fremdenführer irgendwelche historischen Daten von sich gibt,
zum Beispiel, daß an genau diesem Fleck vor 154 Jahren
die historische Alfalfakrise begann, weil Senator Barton
A. Mousewrangler Junior aus Tennessee gegen das historische Futtermittelreservengesetz von 1827 gestimmt
hat.

Um den Fremdenführer herum steht eine Gruppe von
ungefähr acht eifrig lauschenden Menschen, bestehend
aus den erwachsenen Begleitpersonen und zwei Strebern,
die Mitglied in einem Überfliegerklub sind und schon
nach der zehnten Klasse zum Studium in Harvard zuge-
lassen werden. Außerhalb dieses Zirkels stehen die anderen Schüler und dösen, tratschen miteinander, kichern,

begrapschen sich und probieren aus, wie weit ein Furz im Flur eines historischen Regierungsgebäudes zu hören ist.[35]

Wahrscheinlich gehörten Sie auf Ihrer Klassenreise nach Washington DC zu denen, die mehr außerhalb standen. Daher will ich in diesem Kapitel versuchen, Ihre Bildungslücken zu schließen. Ich lade Sie ein zu einer »virtuellen Reise« durch diese erstaunliche Stadt, die vielleicht einzige im ganzen Land, wo der Begriff »Regierungsarbeit« nicht automatisch als Witz empfunden wird. Lesen Sie einfach weiter und lernen Sie etwas über:

Die Geschichte von Washington DC

Zu Anfang hatten die Vereinigten Staaten noch keine Hauptstadt. Der Kongreß traf sich mal in Philadelphia, mal in New York, Richmond, Mexico City oder Las Vegas. So viel unterwegs zu sein, kostete Zeit und war anstrengend, denn Teile der Bundesregierung, insbesondere das Lincoln Memorial, waren sehr schwer.

Folglich beschloß der Kongreß 1790, eine feste Hauptstadt einzurichten, und knappste je ein Stück Land von Virginia, Maryland und Vermont ab und schaffte es unter enormen Kosten an die gewünschte Stelle. Diese Stelle erfüllte vier Kriterien:

1. Sie lag in der Nähe von Chevy Chase.
2. Sie war fast quadratisch.
3. Sie lag am Potomac River, sodaß ein hohes Maß an Luftfeuchtigkeit gewährleistet war.
4. Ein paar hartgesottene Lobbyisten hatten sich hier bereits angesiedelt. Sie produzierten nichts, hatten aber schon Jahrzehnte in der unwirtlichen Wildnis überlebt, indem sie sich gegenseitig zum Lunch einluden.

Die neue Hauptstadt wurde nach dem ersten amerikanischen Präsidenten benannt, George Washington, kurz »DC« genannt. Die Stadtplanung übernahm der französi-

---

35 Der Rekord liegt bei 2.038 Yards, aufgestellt von Senator Strom Thurmond im Jahre 1874.

sche Architekt Pierre L'Enfant[36], der sich schon durch den Bau des Eiffelturms einen Namen gemacht hatte.

L'Enfant stellte sich eine Stadt mit Straßen vor, die ein logisches, leicht zu verstehendes Gittersystem bildeten. Aber dann trank er ein paar Gläser Maisschnaps zu viel und entwarf das heutige Washington mit Straßen, die in alle möglichen Richtungen liefen und an gigantischen Plätzen wie Spinnweben aufeinandertrafen, und zwar immer dort, wo die Statue eines berühmten verstorbenen Generals stand. Es gab so viele von diesen Plätzen, daß L'Enfant schließlich ein paar Generale hinrichten lassen mußte, um genügend Statuen für das jeweilige Zentrum zu haben.

Im Jahre 1800 zog die Bundesregierung offiziell nach Washington. Erst war es ein schweres Leben. Noch gab es kein Plastik, sodaß die Bundesbeamten mit gußeisernen Namensschildern an der Brust herumlaufen mußten. Der öffentliche Nahverkehr bestand aus einer Untergrundbahn mit einer Haltestelle, einem 150 Meter tiefen Loch, dem heutigen DuPont Circle. Jeden Morgen kletterten die Pendler mühsam nach unten, ließen ihre Fahrkarten aus Pergament abstempeln und kletterten wieder hoch, um dann ausgelaugt nach Haus zu trotten.

Die Straßen waren voller Schlaglöcher, die heute sorgsam gepflegt und vom Amt für die Erhaltung Historischer Schlaglöcher in ihrem ursprünglichen Zustand erhalten werden. (Und noch eine Tradition wird bis heute sorgsam gepflegt: Der ganze Verkehr bricht zusammen, wenn es schneit, oder wenn es so aussieht, als könnte es schneien, oder wenn jemand die Stadt besucht, dessen Name etwas mit Schnee zu tun hat oder an Schnee erinnert.)

Der Herzschlag der Stadt wurde schneller, als die Briten 1814 einfielen. Es handelte sich um die Kriegshandlungen von 1812, die aus Termingründen verspätet stattfanden. Britische Truppen brannten das Weiße Haus nieder, aber nicht ehe die First Lady, Dolley Madison, ein Porträt von George Washington und ein paar Rechnun-

---

[36] Auf Deutsch: »Iwan der Schreckliche«

gen der Anwaltskanzlei Rose aus Little Rock, Arkansas, in Sicherheit gebracht hatte, die erst 184 Jahre später wieder auftauchten. Die britischen Truppen brannten auch etliche Gebäude nieder, die regierungskritische Institutionen beherbergten, wie die Behörde für die Reinhaltung der Maulesel als Rasse, die Gesellschaft für Salpeterreserven und das Amt für Talg und Nierenfett.

Das war ein schwerer Schlag, aber im Laufe der folgenden zehn Jahre bauten die stolzen und mutigen Bürger ihre Stadt originalgetreu wieder auf. Dann brannten die britischen Truppen, die in der Nähe geblieben waren und alles beobachtet hatten, die Stadt erneut nieder. Da hatten die Washingtoner die Schnauze voll, und die Bundesregierung beschloß per Gesetz, daß fortan alle wichtigen Regierungsgebäude aus Stein sein sollten, damit man sie nicht mehr in Brand stecken konnte. Der ein oder andere Steuerzahler versucht es trotzdem immer wieder.

Der Bürgerkrieg (1861 – heute) war die nächste große Gefahr für Washington. Die Konföderierten sammelten sich in Sichtweite des Kapitols, aber sie konnten nicht in die Stadt hinein, weil wegen der vielen Klassenfahrten keine Hotelzimmer zu bekommen waren. Am 14. April 1865 ereignete sich eine der größten Katastrophen der Stadt und des ganzen Landes: Abraham Lincoln wurde im Ford Theater, wo er sich eine Vorstellung von *Cats* ansah, von dem Schauspieler John Wilkes Booth erschossen, der dann auf die Bühne sprang und sich ein Bein brach. Während die Nation noch Trauer trug, kam der Kongreß zu einer Dringlichkeitssitzung zusammen und rief die Aufsichtsbehörde für Sicherheit und Gesundheit ins Leben, die dafür sorgen sollte, daß so etwas nicht noch mal passierte.

Während der folgenden Jahrzehnte wuchsen die Vereinigten Staaten und ebenso Washington, denn die Bundesregierung heuerte Tausende zusätzlicher Mitarbeiter für die wichtigen Regierungsaufgaben an, die zur damaligen Zeit auf Bundesebene erledigt werden mußten. In dieser Aera wurde die Stadt von Beamten geführt, die vom Kongreß ernannt wurden; die Einwohner der Stadt durften ihre eigenen Stadtväter nicht selbst wählen, genauso wenig wie den Präsidenten. (Komischerweise durften sie aber bei den italienischen Parlamentswahlen mitmachen.) Bald wurde die Frage der Selbstbestimmung zum Stachel im Fleische der Stadt, die waidwund im eigenen Saft schmorte.

Glücklicherweise brach der Erste Weltkrieg[37] aus, bevor die Methaphern völlig aus dem Ruder liefen, und angesichts der aus den Fugen geratenen Demokratie verzichteten die Washingtoner auf die Durchsetzung ihrer persönlichen Belange und fanden sich damit ab, daß sie fürderhin Dienstvorschriften für die Normierung von Soldatenkäppies und -helmen formulieren mußten.[38] Inzwischen hatte das Auto das Pferd als Hauptverkehrsmittel abgelöst, und der Kongreß entsorgte Tausende von regierungseigenen Pferden, indem er die Schulspeisung einführte, die bei den lieben Kleinen heute noch genauso beliebt ist wie damals.

Nach dem Krieg wurde die Prohibition beschlossen, und als die Nation nicht mehr auf legale Weise an Alkohol rankommen konnte, stürzte sie in die Große Depression. Präsident Franklin »D« Roosevelts Reaktion darauf war die Aufforderung an den Kongreß, er möge die WPA, die NRA, die PWA und das NLRB[39] ins Leben rufen. Daraufhin mußte die Bundesregierung Tausende neuer Mitarbeiter einstellen, deren Aufgabe darin bestand, herauszufinden, wofür all diese Abkürzungen standen. 1932 machten sich über 25.000 Kriegsveteranen nach Washington auf, die sogenannten »Bonus-Marschierer«, und da auch sie keine Schlafplätze fanden, schlossen sie sich zum Handelsministerium zusammen, das heute noch existiert, obwohl niemand weiß, warum.

Der Zweite Weltkrieg stürzte die Welt, wie der Name schon andeutet, zum zweiten Mal in einen Krieg. Die Bundesregierung zeigte sich dieser Herausforderung

---

[37] Oder, wie man heute sagt: »Der Krieg vor dem Zweiten Weltkrieg«

[38] Dieses Projekt wurde 1987 abgeschlossen.

[39] Verschiedene Arbeitsvermittlungs-, -beschaffungs- und -kontrollbehörden und -ämter.

durchaus gewachsen, indem sie wiederum Zigtausende von neuen Mitarbeitern einstellte, deren Aufgabe darin bestand, alle kriegsrelevanten Verlautbarungen abzutippen (viele Mitarbeiter wurden im Laufe des Krieges allerdings befördert und durften später sogar die Ablage machen). In dieser Aera wurden in Washington binnen kürzester Zeit viele neue Bürogebäude hochgezogen, und bis heute ist unklar, welche Ämter und Behörden dafür verantwortlich waren.

Nach dem Krieg war der Nation eine Periode relativer Ruhe vergönnt, und die Regierung war gezwungen, sich auf Friedenspolitik umzustellen. Das erforderte wiederum die Einstellung von Zigtausenden neuer Mitarbeiter. Mittlerweile hatten all diese zusätzlichen Arbeitskräfte Washington verändert. Aus einer langweiligen, schwerfälligen, unkultivierten Stadt wurde nun eine langweilige, schwerfällige, unkultivierte Stadt mit großer Bevölkerungsdichte.

Aber all das änderte sich radikal, als die beschaulichen fünfziger den idealistischen sechziger Jahren Platz machten und Präsident John F. Kennedy die ganze Nation aus dem Häuschen brachte, als er 1963 versprach, daß man spätestens am Ende des Jahrzehnts einmal ganz um Washington herumfahren könne, egal wieviel Milliarden Dollar dieses Projekt verschlingen sollte. So wurde die große Umgehungsstraße gebaut, der Beltway, und obwohl Kennedy die Fertigstellung tragischerweise nicht mehr erlebte, werden diejenigen unter uns, die am 17. August 1964 bei der Live-Übertragung dabei waren, nie vergessen, wie ganz Amerika den Atem anhielt, als ein neuer Nationalheld, Parnell M. Smeedle, ein Buchhalter aus Silver Spring, Maryland, in seinen Plymouth Valiant stieg und die erste Alleinumrundung des Distrikts erfolgreich absolvierte, und zwar in acht Stunden, siebzehn Minuten und sechsunddreißig Sekunden – ein Rekord, der nie gebrochen wurde.

Aus demselben Geist, demselben »Alles geht«-Optimismus der Sechziger heraus entwickelte Kennedys Nachfolger, Lyndon B. Johnson, das Konzept der »Great Society« – ein weitreichendes Geflecht von Programmen mit der atemberaubend ambitionierten Zielsetzung, Armut und Rassismus ein für allemal zu beseitigen durch die Neueinstellung Zigtausender Bundesbeamter.

Aber die sechziger Jahre waren für Washington kein reines Vergnügen. Die Stadt wurde zum Schauplatz zahlreicher Massenproteste, von denen einige in gewalttätige Auseinandersetzungen zwischen Demonstranten und Ordnungshütern mündeten, weil sich die Kontrahenten nicht über die geschätzte Zahl der Demonstrationsteilnehmer einigen konnten. Der absolute Tiefpunkt kam aber erst 1967, als die städtischen Unruhen ihren Höhepunkt erreichten und ein ausgedehntes Geschäftsviertel der Innenstadt von einem marodierenden Mob älterer britischer Truppenangehöriger niedergebrannt wurde – eine Tragödie, von der sich die Stadt jahrzehntelang nicht erholen sollte.

Aber Washington trägt nicht ohne Grund den Beinamen »Die Stadt, in der zu viele Hearings abgehalten werden, um über einen angemessenen Beinamen nachzudenken«. Also erholte sie sich auch davon und widmete sich dem Wiederaufbau, hauptsächlich in Maryland und Virginia. Die Innenstadt verfiel unterdessen weiter. In den siebziger Jahren wurde Washington von einer Kriminalitätswelle überrollt, hinter der, wie sich später herausstellte, eine zu allem entschlossene, hoch organisierte Bande steckte, die sich »Komitee zur Wiederwahl des Präsidenten« nannte. Die aufgebrachten amerikanischen Wähler verlangten nach sinnvollen politischen Reformen, sodaß wieder Zigtausende neuer Beamter eingestellt werden mußten.

1974 verlieh der Kongreß den Washintoner Bürgern endlich das Recht, ihre politische Führung selbst zu wählen, und 1978 wählten sie Marion »Laßt uns feiern!« Barry als Bürgermeister. Er verbesserte die Lebensqualität der Stadt, indem er praktisch jedem erwachsenen Einwohner, der weder Regierungsmitarbeiter noch tot war[40], einen Job verschaffte. Dadurch wurde Barry so be-

---

[40] Zwei Eigenschaften, die sich keinesfalls gegenseitig ausschließen.

liebt, daß er sich sogar von einem Skandal erholen konnte, der ihn 1990 ereilte, als FBI-Agenten ihn zusammen mit britischen Soldaten in einem Hotelzimmer beim Crackrauchen filmten. Er verbüßte eine Gefängnisstrafe und feierte als voll rehabiliterter, moralisch neugeborener Mann ein triumphales Comeback, als er 1994 erneut zum Bürgermeister gewählt wurde.[41] Sein inspirierender Wahlslogan hatte gelautet: »Das nächste Mal laß ich mich nicht erwischen!«

Ja, Washington hat schwere Zeiten hinter sich. Aber aus diesen schweren Zeiten ist es als eine der quirligsten und kosmopolitischesten Städte in ganz Süd-Maryland hervorgegangen und hat sich zu einem Ort entwickelt, an dem jeder Besucher den Thrill verspürt, der sich automatisch einstellt, wenn man im Epizentrum der Macht weilt, und wo selbst ein ganz normaler Bürger jederzeit einem Stellvertretenden Untersekretär des Beigeordneten Vizevorsitzenden des Ausschusses zur Koordination Überregionaler Laichgründe für Fische – oder einem seiner engsten Mitarbeiter – begegnen kann.

Aber auch wenn man in Washington zufällig keiner Berühmtheit begegnet, ist es eine Reise wert, denn es gibt so viele große und historische Dinge aus Stein zu bewundern und zu erleben, wenn man sich nur lange genug in einer Warteschlange angestellt hat. Beginnen wir also unsere virtuelle Reise! Unsere erste Station führt mitten rein ins »Zentrum des Geschehens«, nämlich auf den

Kapitolshügel

Die riesige, weiß glänzende Kuppel des Kapitols ist das alles dominierende optische Element im Stadtbild von Washington. Sie überragt das Stadtzentrum wie ein – um es mit dem toten Dichter Walt Whitman zu sagen – »ziem-

---

41 Das ist keine Erfindung von mir. In seinem Bericht über die Bürgermeisterwahl zitierte der *Miami Herald* am 15. September 1994 einen Washingtoner Bürger, der für Barry gestimmt hatte, mit den Worten: »Wissen Sie eigentlich, wie viele Drogenabhängige es hier gibt? Die sind diesmal alle zur Wahl gegangen.«

lich großes optisches Element«. Hier werden die Gesetze einer ganzen Nation erarbeitet, und zwar von den beiden Körperschaften, die zusammen die Legislative der Regierung bilden: 1) den Lobbyisten und 2) den Lobbyisten der Gegenseite.

Eine weitere wichtige Aufgabe der Legislative – das Verlesen von Reden, die andere geschrieben haben – wird von Mitgliedern des Senats und des Repräsentantenhauses übernommen, die man oft im Laufschritt durch die Gänge des Kapitols eilen sieht, gefolgt von Mitarbeitern, die ihre Aktenkoffer tragen und in ihre Handys sprechen. Manchmal befinden sich die Kongreßmitglieder gerade auf dem Weg zu einem wichtigen Hearing, manchmal auf dem Weg zur Toilette. Manchmal haben sie aber auch gar kein Ziel: Sie eilen einfach im Laufschritt umher und machen wichtige Gesichter – die dort übliche Freizeitbeschäftigung Nummer eins. Immer wieder kommt es vor, daß ein Kongreßmitglied gelangweilt in seinem Büro herumsitzt und dann plötzlich zu seinen Mitarbeitern sagt: »Schnappt eure Handys! Zeit für den Laufschritt durch die Gänge.«

Und ab geht es. Manchmal eilen sie meilenweit, bevor ihre Batterien alle sind. Es kommt vor, daß zwei Formationen von Kongreßmitgliedern-plus-Mitarbeitern gleichzeitig eine Kreuzung erreichen und bei hoher Geschwindigkeit kollidieren, sodaß Aktenkoffer und Handys nur so durch die Gegend fliegen. Daher wird die neuere Generation der Kongreßmitglieder heute serienmäßig mit Airbags ausgestattet.

Die Geschichte des Kapitols – kurzgefaßt

Der Grundstein wurde 1793 von George Washington gelegt, an einer von den zuständigen Verwaltungsinspektoren sorgfältig ausgesuchten Stelle. Unglücklicherweise wurde der Grundstein noch in derselben Nacht gestohlen und in einer ziemlich üblen Gegend weggeworfen, wo schließlich das Kapitol errichtet wurde.

Im Jahre 1800 waren die Bauarbeiten beendet, und die Kuppel begann sogleich, sich mit Regenwasser zu füllen, weil die Bauarbeiter die Baupläne falsch gelesen und sie verkehrt herum gebaut hatten. Darüber mußten alle herzlich lachen, und der Bauunternehmer wurde hingerichtet. Neue Arbeiter wurden angeheuert, die das Gebäude abrissen und sofort mit dem Wiederaufbau begannen. 1814 war das neue Kapitol fertig, und Präsident James Polk Madison setzte es im Rahmen einer prächtigen Zeremonie, an der Vertreter des Senats und des Repräsentantenhauses teilnahmen, in Brand, um den britischen Truppen den Spaß zu verderben.

Noch einmal wurde das Kapitol aufgebaut, und im Laufe der folgenden 150 Jahre erweitert, umgebaut und modernisiert, um es den ständig wechselnden Bedürfnissen von Senat und Repräsentantenhaus anzupassen. Wir kommen darauf im folgenden zurück.

Besichtigung des Kapitols

Am besten beginnt man in der **Rotunde**, der Freifläche direkt unter der gigantischen **Kuppel**, die fast 150 Jahre alt ist, neun Millionen Pfund wiegt und deswegen jederzeit einstürzen kann. Man sollte diese Freifläche so schnell wie möglich durchschreiten, derweil den Blick nach oben richten und das gigantische **Fresko** betrachten. Es wurde 1865 von einem bedeutenden **italienischen Maler** geschaffen, dessen Namen wir noch nachschlagen müssen, ehe wir dieses Manuskript an den **Verlag** schicken.

Die Figuren im inneren Kreis des Freskos repräsentieren die **Dreizehn Ursprünglichen Kolonien**, die im äußeren Kreis die **Sieben Zwerge**. Ganz oben in der Rotunde erkennt man einen **Schriftzug**, der tragischerweise erst 1943 übersetzt werden konnte, als Historiker plötzlich erkannten, daß es sich um Italienisch handelte und bedeutete: »Hilfe, ich komme nicht mehr von diesem Gerüst runter und werde bald verhungern!«

Südlich der Rotunde finden wir die **Halle der Statuen**, in der alle fünfzig Staaten durch je zwei Statuen repräsentiert werden. (Arkansas ist mit einem niedlichen Paar **Gartenzwerge** vertreten.) Entlang den Gängen nördlich und südlich der Rotunde finden sich zahlreiche historische und künstlerische **Gemälde, Statuen, Fresken** und **Friese**, die einen schon sehr bald zu **Tode** langweilen. Dann sollte man die **Sitzungssäle des Senats und Repräsentantenhauses** besichtigen. Dort kann man sich die zahlreichen **Stühle** ansehen, auf denen die gewählten Volksvertreter säßen, wären sie anwesend, was jedoch kaum je der Fall ist, weil sie gerade im Laufschritt durch die Gänge eilen oder sich mit Leuten treffen, die sie mit viel **Geld** zu bestechen versuchen.

Die größte Wahrscheinlichkeit, mal einen Vertreter der Legislative zu Gesicht zu bekommen, bietet das **Repräsentantenhaus**, wenn »Eine-Minute-Reden« angesetzt sind. Das sind kurze Reden, die die Kongreßmitglieder mit viel Pathos und Leidenschaft vor einem praktisch leeren Sitzungssaal halten. Manchmal befindet sich nur der Kameramann im Sitzungssaal, der bei der landesweiten Live-Übertragung der Parlamentsdebatte gerade Dienst hat und gleichzeitig der einzige Zuschauer ist.

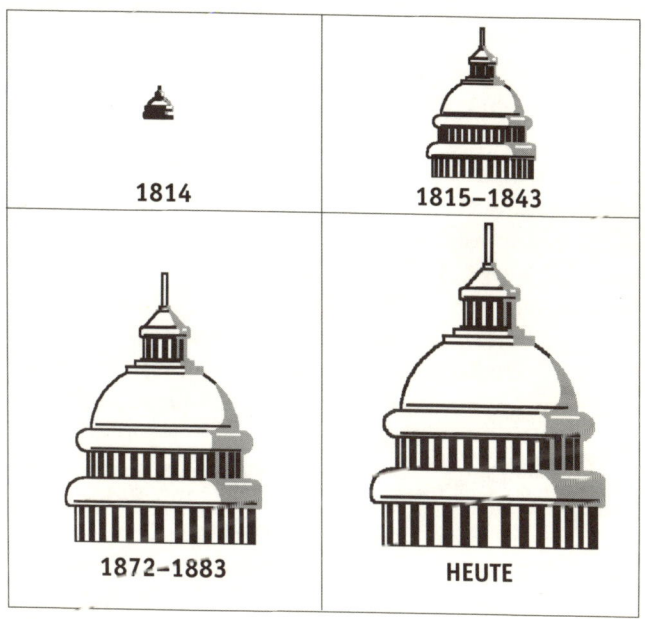

Die architektonische Entwicklung des Kapitols
Quelle: Vereinigung Amerikanischer Architekturhistoriker auf Crack

☞ Achtung Abschweifung!

Da bei diesen »Eine-Minute-Reden« niemand zuhört, können die Parlamentarier so ziemlich alles sagen. Ich weiß das, weil ich selbst einmal eine solche Rede geschrieben habe. Und das ist jetzt kein Gag. 1995 habe ich als Recherche für einen Artikel eine Woche lang im Team des republikanischen Kongreßabgeordneten Steven C. La-Tourette aus dem 19. Wahlbezirk von Ohio gearbeitet. Ich bezweifle, daß LaTourette ganz begriff, worauf er sich einließ, als er mir die Mitarbeit in seinem Team gestattete. So machte er beispielsweise einen etwas irritierten Eindruck, als ich in dem Bemühen, ihm Aufmerksamkeit zu verschaffen, *Associated Press* die Information zuspielte, daß der Abgeordnete LaTourette als Frau geboren wurde.[42]

Glücklicherweise hatte der Abgeordnete LaTourette einen ausgeprägten Sinn für Humor. Das stellte sich heraus, als der Fraktionsvorsitzende der Republikaner seine Leute aufforderte, Reden gegen Bagatellprozesse zu halten. Ich schreib eine solche Rede, und zu meinem größten Erstaunen hielt der Abgeordnete LaTourette sie tatsächlich. Hier der Text:

Herr Vorsitzender,
als Rechtsanwalt wäre ich der letzte, der behaupten würde, alle Mitglieder meines Berufsstandes seien geldgierige Ratten, die mit Vorliebe im Dreck wühlten. Ihr Anteil liegt bei maximal 73 Prozent.

Haha, natürlich sollte das nur ein Witz sein! Die große Mehrheit der Rechtsanwälte sind sehr verantwortungsbewußte und in mancherlei Hinsicht auch menschliche Wesen.

Trotzdem muß endlich etwas gegen diese Flut von Bagatellprozessen unternommen werden. Wir haben einen Punkt erreicht, wo ein so simples Produkt wie etwa eine Haushaltsleiter nur noch mit großen roten Warnschildern verkauft werden kann, auf denen steht, daß man auf die-

---

42 Das stimmt nicht. Jedenfalls weiß ich nichts davon.

ser Leiter nicht tanzen und keine Parties veranstalten darf, daß man keine Elektrozäune damit berühren und keine Leute damit schlagen darf, daß man sie nicht verschlucken soll und so weiter und so fort. Und alles nur, weil irgendwann einmal irgendwelche Idioten all diese Dinge mit einer Leiter getan haben, dabei zu Schaden kamen, die Herstellerfirma verklagten – und Recht bekamen.

Meine Meinung dazu, verehrter Herr Vorsitzender, ist die: Jeder, der eine Leiter verschluckt, verdient, was immer ihm dann widerfährt. Und ich bin mir sicher, daß die große Mehrheit des amerikanischen Volkes das genauso sieht. Die Minderheit würde mich deswegen jedoch am liebsten verklagen.

Der Abgeordnete LaTourette hat diese Rede nicht nur gehalten, sie wurde auch in voller Länge im *Congressional Record* nachgedruckt. Erzähle mir also niemand, dies sei kein großartiges Land!
☞ Ende der Abschweifung!

Sie sollten Ihren Besuch im Kapitol zu einem Besuch bei Ihrem Abgeordneten nutzen. Die Büros der Abgeordneten befinden sich in **unvorstellbar scheußlichen Gebäuden** in der Nähe des Kapitols.

Um Ihren zuständigen Abgeordneten ausfindig zu machen, gehen Sie einfach in eins dieser Gebäude und öffnen eine beliebige Tür. Dort sitzt mit Sicherheit eine Empfangsdame. Gehen Sie auf sie zu und sagen Sie: »Hi! Ich bin (*Ihr Name*) aus (*Ihr Bundesstaat*). Wo finde ich das Büro meines zuständigen Kongreßabgeordneten?« Wenn die Empfangsdame das nicht weiß oder anfängt, irgendwelche obskuren Informationen aus Ihnen rauszuquetschen, wie etwa den Namen Ihres Kongreßabgeordneten (als ob *Sie* den wüßten!), machen Sie die Frau knapp, aber unhöflich darauf aufmerksam, daß Sie, verdammt noch mal, ein Steuerzahler sind und keineswegs die lange Reise nach Washington auf sich genommen haben, um sich jetzt auf so schnoddrige Art abfertigen zu lassen.

Wenn Sie das Büro Ihres Abgeordneten gefunden haben, dürfen Sie nicht vergessen, daß es – immerhin leben wir in einer Republik! – eigentlich *Ihr* Büro ist. Scheuen Sie sich nicht, das Telefon zu benutzen, die Möbel umzustellen, Büromaterial abzugreifen oder dem Abgeordneten Ihre Kinder aufs Auge zu drücken, während Sie einkaufen gehen. Es ist die Aufgabe Ihres Kongreßabgeordneten, Ihnen zu dienen. Zumindest behauptet er das in all den Rundschreiben, die er auf Ihre Kosten in alle Welt verschickt.

Trinkgeld: Üblicherweise bekommt der Kongreßabgeordnete einen Dollar für jedes Kind, das er länger als 24 Stunden betreut. Wenn Sie eine Sonderleistung von ihm verlangen, wie etwa die Abhaltung eines Hearings oder die Einreichung eines neuen Gesetzesvorschlags, müssen Sie etwa 5.000 Dollar lockermachen.

Anschließend können Sie die ebenfalls auf dem Kapitolshügel gelegene **Kongreßbibliothek** besuchen. Dort lagern über 100 Millionen Bücher, Dokumente und andere Quellen, in denen die Kongreßabgeordneten recherchieren, wenn sie neue Gesetze vorbereiten. Unter anderem finden Sie dort eine vollständige Sammlung des *Hustler* (fragen Sie sich zum **Bob-Packwood-Flügel** durch). Die Bibliothek verfügt über hochqualifizierte Mitarbeiter, die Ihnen jede Frage beantworten können. Wenn Sie zum Beispiel eine Melodie im Kopf haben und die Wände hochgehen könnten, weil Ihnen der Titel nicht einfällt, singen Sie sie einfach ganz leise im **Flüsterraum,** und ein Angestellter wird den Titel umgehend rausschreien.[43] Wenn Sie sich vorher anmelden, können Sie auch das Kellergewölbe besichtigen, wo unter anderem der Text aufbewahrt wird, den die Bundesregierung für die Originalfassung von »Louie, Louie« hält. Das Untergeschoß der Kongreßbibliothek beherbergt das weltgrößte Unternehmen für Sportwetten.

---

[43] »Candy Man in der Fassung von Sammy Davis Junior.«

Nicht weit entfernt befindet sich der **Oberste Gerichts-hof**, eine der am häufigsten besuchten Sehenswürdigkeiten Washingtons. Wenn das Gericht gerade tagt, freuen sich die Richter über Bürgerbeteiligung. Scheuen Sie sich also nicht, aufzuspringen und »EINSPRUCH, EUER EHREN!« zu rufen oder »ICH GESTEHE: ICH BIN DER WAHRE MÖRDER!« Donnerstags von 19 bis 23 Uhr ist **Karaoke-Abend** am Obersten Gerichtshof.

Nur einige Schritte entfernt befindet sich das **National-museum für Historisches Büromaterial**, das die weltgrößte Sammlung handgeschnitzter Büroklammern aus Walknochen besitzt. Versäumen Sie nicht, sich *Dunkles Geheimnis* anzusehen, einen preisgekrönten Dokumentarfilm darüber, wie ein Regierungsprojekt zur Entwicklung eines besseren Kopiergeräte-Toners in den sechziger Jahren zur entscheidenden Wende im Kalten Krieg führte.

Die Mall

Ein Muß für jeden Washington-Besucher ist ein Gang durch die **Mall**. Bitte mißverstehen Sie das nicht als bloße Redewendung! Wenn Sie versuchen, die Stadt zu verlassen, ohne die Mall gesehen zu haben, werden Sie von den Grenzsoldaten festgehalten. Der Besuch der Mall ist also tatsächlich ein Muß.

Zuerst besichtigen Sie das **Smithsonian Institut**, auch der »Dachboden der Nation« genannt, weil dort so viele **tote Insekten** herumliegen. Außerdem beherbergt es in verschiedenen Gebäuden rund um die Mall eine riesige Sammlung kostbarster nationaler Memorabilien, wie etwa:

– Abraham Lincolns Holzbein
– mehrere hochinteressante Eicheln
– eine Pappschachtel mit einem Fleck an der Seite, der, wenn das Licht in einem bestimmten Winkel darauffällt, eine erstaunliche Ähnlichkeit mit Robert Frost hat
– alle Mitwirkenden aus dem *Zauberer von Oz*, konserviert in Formaldehyd
– die echten Haare von Senator Joseph Biden

– einen Stein, den die Besatzung der *Apollo 17* entweder vom Mond oder von einem Golfplatz in der Nähe von Phoenix mitgebracht hat, je nachdem, welchem Besatzungsmitglied man Glauben schenkt
– das Originalflugzeug der Gebrüder Wright, an dem noch Wilburs Originalpinkelfleck zu erkennen ist

... und vieles, vieles mehr. Das beste an der Sammlung des Smithsonian Institut ist, daß man sie selbst ergänzen kann. Ganz richtig: Das Institut ist immer auf der Suche nach neuen, originär amerikanischen Ausstellungsstücken. Wenn Sie ihm also einen Besuch abstatten, nehmen Sie eine paar Schachteln voll Sachen mit, die Sie nicht mehr brauchen. Das Smithsonian Institut ist sehr reich und bezahlt **Spitzenpreise** für Ihre Beanie Babies, Patchworkpuppen, Pokémonkarten, Kühlschrankmagneten, Keramikkatzen, Tupperware, T-Shirts, leere Bierflaschen etc. Erst kürzlich zahlte das Smithsonian Institut einem Mann aus Akron, Ohio, 7.500 Dollar für einen Satz gebrauchter Autoreifen, die er wegwerfen wollte. Wenn man sich mal die Mühe macht, gründlich seine Garage auszumisten, kann man glatt die kompletten Reisekosten wieder reinkriegen.

Nach dem Besuch des Smithsonian Institut (kalkulieren Sie 15 bis 20 Minuten dafür ein) begeben Sie sich in die **Nationale Kunstgalerie**, wo es erstklassige **Toiletten** gibt. Dann weiter zum **Büro für Gravuren und Druckerzeugnisse**, wo das Papiergeld der Nation gedruckt wird, bevor es zu handlichen Päckchen geschnürt und per Lastwagen zur Garage von **Bill Gates** transportiert wird. Sehr lustig und wahnsinnig originell ist es immer, die Wärter anzusprechen und um ein »Probeexemplar« zu bitten. Haha! Dieser tolle Witz funktioniert immer und bringt die Wärter jedesmal auf die Palme, sodaß man aufpassen muß, daß sie einem nicht ins **Knie** schießen.

Ein Stück weiter liegt das **Ministerium für Infrastruktur**, das unter der Carter-Administration während einer hektischen Mitternachtssitzung per Kongreßbeschluß gegründet wurde. Die meisten Kongreßmitglieder hatten gar nicht richtig mitgekriegt, um was es ging, und dach-

ten, man sei dabei, die **Woche des Reißfesten Garns** zu beschließen. Mittlerweile beschäftigt dieses Ministerium
17.000 Mitarbeiter. Sein Aufgabengebiet ist die Umsetzung der Förderung und Optimierung der Prioritätenset-
zung bei der Resourcenbündelung, -verteilung und -ver-
wertung. Dort gibt es eine ausgezeichnete **Cafeteria.**

Der Besuch der Mall endet im **Landwirtschaftsministerium,** das sich in einem Gebäude von der Größe **Connec-
ticuts** befindet. Ein geeigneter Ort, um sich mit der
ganzen Familie einen schönen Tag zu machen. Man kann
von Büro zu Büro gehen und die verschiedenen Mitarbeiter fragen, was sie eigentlich den lieben langen Tag so **trei-
ben.** Umgehen Sie den sechsten und siebten Stock, wo es
seit 1967 von **Blattläusen** nur so wimmelt.

Wenn Sie sich auf der Mall nun weiter Richtung We-
sten begeben (oder auch Richtung Osten), nähern Sie sich
einem Objekt, das Historiker als das zugespitzteste von
ganz Washington bezeichnen:

Das Washington Monument

Dieses Monument für »unseren Landesvater« ist ein gutes
Beispiel dafür, was sich ein Künstler in weniger als fünf
Minuten ausdenken kann, wenn er nur Bleistift und Line-
al zur Verfügung hat. Der Bau des Monuments begann
1848 mit der Grundsteinlegung; der nächste Stein wurde
1850 gelegt. Anschließend ruhten die Bauarbeiten dreißig
Jahre, weil der Bauunternehmer beim Chiropraktiker
war. 1884 wurde das Monument fertiggestellt und auf
dem Rücken sehr starker Maulesel zu seinem heutigen
Standort transportiert. Tragischerweise hat George Washington das fertige Monument nicht mehr zu sehen bekommen. Aber bei der Einweihungsfeier sagte sein Sohn,
Roger Washington: »Das sieht ihm echt ähnlich!«

1998 wurde das Monument im Zuge umfangreicher
Renovierungsarbeiten für den Publikumsverkehr ge-
sperrt. Allein 600.000 Quadratmeter Flusenteppich wurden entfernt. Im Jahre 2000 wurde das Monument mit einer glanzvollen Zeremonie wiedereröffnet. Den Höhepunkt bildete das Abfeuern von Boden-Luft-Raketen

durch britische Truppen, die aber eingefangen und in ihre Altersheime zurückgeschickt wurden.

Heute ist das Monument eine der beliebtesten Touristenattraktionen. 17 Millionen Besucher benutzen täglich den Original**aufzug**, der durch elektrostatische Energie betrieben wird und in dem noch der Original**roßhaarstuhl** steht, den das Personal des Nationalparks liebevoll wartet. Um an die Spitze des Monuments zu gelangen, gehen Sie einfach an der Schlange vorbei, die vor dem Aufzug wartet, und erklären den Leuten, daß sie Sie vorlassen sollen, weil Sie ein amerikanischer **Steuerzahler** sind und nicht die Absicht haben, auch nur eine kostbare Minute mit **Schlangestehen** zu verplempern, verdammt noch mal!

Unglaublich, aber wahr!
Fakten über das Washington Monument

Eine Kopie des Monuments wurde während des Kalten Krieges angefertigt und an einen geheimen Ort in West Virginia transportiert, wo es seither in einem unterirdischen Gewölbe aufbewahrt wird.

Das Monument ist in Wirklichkeit nur 8,50 Meter hoch, aber durch die Erdumdrehung wirkt es viel größer.

Das Monument ist Heimstatt für eine der weltgrößten Populationen von Kopfläusen.

Das Aufsichtspersonal des Nationalparks hat das Monument auf den offiziellen Kosenamen »Das lange Ding von Johnson« getauft.

Das Monument ist so ausgerichtet, daß man, wenn man sich an einem 15. Juli um zwölf Uhr mittags an die Südseite des Monuments stellt, automatisch zu schwitzen beginnt.

Seit Fertigstellung der Bauarbeiten im Jahre 1884 ist das Monument erst sechs Mal umgefallen.

Ein regionaler Aberglaube besagt, daß eine Katze, die von der Spitze des Monuments geworfen wird, irgendwann am Boden aufschlägt.

Lucille Ball (1911 – 1989) wurde unter dem Monument begraben.

Quelle: Dan Rather

Mal angenommen, Sie überleben den Besuch des Monuments, so ist Ihr nächster Besichtigungspunkt der **Spiegelsee**, ein rechteckiges Wasserbecken, das seinen Namen der erstaunlichen Tatsache schuldet, daß man, wenn man sich drüberbeugt und runterguckt, sein eigenes **Gesicht** sieht. Verharren Sie aber nicht allzu lange in Selbstbewunderung, denn der Spiegelsee ist die Heimat des **Momba**, eines legendären Karpfens[44], der sich seit Jahrzehnten von den kalorienreichen Junkfoodresten ernährt, die Touristen in den See werfen. Dieser Karpfen wiegt mittlerweile fast 2.000 Pfund. Im März 1997 tauchte er einmal ganz unvermittelt auf, sprang hoch und verschluckte mit einem Happs einen vorübereilenden **Fußgänger**. (Unglücklicherweise wurde das Opfer nie identifiziert, weil es sich um den Innenminister handelte.)

Gleich westlich vom Spiegelsee befindet sich ein hübscher Aussichtspunkt mit der vielleicht beliebtesten und inspirierendsten Sehenswürdigkeit von Washington: **Earl**. Ganz trübsinnig steht Earl da und starrt auf den See. Earl ist ein ehemaliger Klempner, der sich 1982 zur Ruhe setzte, um sich ganz seinem Hobby zu widmen: dem trübsinnigen Herabstarren auf Dinge. Direkt hinter Earl befindet sich, meistens jedenfalls, das **Lincoln Memorial**.

Nicht weit von dort liegt das **Tidebecken**, umringt von

---

44 Auch »Legendärer Karpfen« wäre ein schöner Name für eine Rockband.

Kirschbäumen, die jedes Jahr **blühen.** Die Einwohner von Washington feiern dieses Ereignis immer wie das **Erscheinen eines neuen Messias.**

In der Geschichte des Tidebeckens gibt es eine wahre Episode, die mir besonders gut gefällt. Sie ereignete sich 1974, und ihre Hauptfigur ist **Wilbur Mills,** ein Kongreßabgeordneter aus Arkansas[45], der damals den Vorsitz des Haushaltsausschusses im Repräsentantenhaus innehatte, und somit einer der mächtigsten Politiker des Landes war. Alles fing damit an, daß die Polizei einen Wagen anhielt der mit überhöhter Geschwindigkeit fuhr, und zwar um zwei Uhr nachts und mit ausgeschalteten Scheinwerfern. In dem Wagen fand die Polizei den Abgeordneten Mills und eine **Frau,** die definitiv nicht **Mrs. Mills** war. Es stellte sich heraus, daß es sich um eine gewisse **Annabel Battistella** handelte, eine Stripperin, die unter dem Künstlernamen **Fanne Foxe** (»**Das argentinische Knallbonbon**«) auftrat. Aus bis heute nicht geklärten Gründen kletterte sie aus dem Wagen und sprang ins Tidebecken.

Das löste, wie Sie sich vorstellen können, einen ziemlichen Skandal aus. Aber der Abgeordnete Mills, anders als andere **sexbesessene Politiker aus Arkansas,** deren Namen wir hier **nicht** nennen wollen, versuchte gar nicht erst, sein Verhältnis mit der Frau zu vertuschen. Im Gegenteil. Seine Vorstellung von Schadensbegrenzung bestand darin, mit Miss Foxe nach Boston zu fahren und sich dort mit ihr auf die Bühne zu stellen. Später erklärte er der Presse, er habe das getan, »um all diese unsinnigen Gerüchte zu zerstreuen«[46].

»Ich glaube, ich habe richtig gehandelt«, sagte er. »Aber vielleicht irre ich mich da auch.«

Obwohl er so mutig und ehrlich war, verlor der Abgeordnete Mills den Vorsitz des Haushaltsausschusses und wurde mit Schimpf und Schande aus dem Kongreß gejagt, was ich für den eigentlichen Skandal halte, denn Mills war einer der wenigen amerikanischen Politiker

---

45 Was sich von selbst versteht

46 Die Zitate sind keine Erfindung von mir.

unserer Zeit, die bereit waren, Verantwortung zu übernehmen. Ich finde, man sollte neben dem Tidebecken ein **Wilbur Mills Monument** errichten. Ich stelle mir die Statue eines stattlichen Mannes vor, mit zerzausten Haaren und gelockertem Schlips. Die Statue sollte raffiniert ausbalanciert auf Federn oder Gelenken ruhen, sodaß sie sich im Wind bewegt, als würde sie jeden Moment ins Wasser stürzen. In ihren Sockel sollten die Worte eingemeißelt sein, die sonst in Washington so selten zu hören sind:

Aber vielleicht irre ich mich da auch.

Doch zurück zur Realität: Als nächstes kommen wir zu einem Gebäude, das sich durch seinen phantasievollen Namen auszeichnet:

Das Weiße Haus
Die Adresse des Weißen Hauses lautet: 1600 Pennsylvania Avenue. Ich weise extra so ausdrücklich darauf hin, damit Sie keinen Fehler machen, denn die Leute im Nachbarhaus, 1598 Pennsylvania Avenue, haben einen sehr bissigen **Hund.**

Das Weiße Haus wurde 1929 fertiggestellt, und mittlerweile stehen nur noch 127 Raten aus, bis die Hypothek voll abbezahlt ist. Das Weiße Haus stellt Amts- und Wohnsitz des Präsidenten der Vereinigten Staaten und ist deswegen mit Premiere World und dem kompletten Vorzugspaket der Kabelanbieter ausgestattet. Die **Präsidentenfamilie** wohnt im ersten Stock, und im zweiten liegt eine Filiale von **Kinko's.**

Es gibt viel zu sehen im Weißen Haus: das **Oval Office, Lincolns Schlafzimmer, den Papierkorb von Chester A. Arthur, die Kommode Mit Den Staatspapieren von Lyndon B. Johnson, der Extragroße Topf Vaseline von Richard M. Nixon, die Zwillingsdellen Im Teppich von Monica Lewinsky und den Saal Mit Dem Riesigen Konferenztisch, Den Sie Immer In Filmen Zeigen, Wo Die Generäle Den Präsidenten Darüber Informieren, Daß Der Feind Die Ersten Marschflugkörper In Bewegung Gesetzt Hat.** Leider bekommt man all diese Dinge nicht zu sehen, es sei denn, man hat die Wahlkampagne des Präsidenten mit einer enormen **Spende** mitfinanziert. Als ganz normaler Drecksack von Bürger sieht man bei den Führungen nur ein paar Räume mit historischen, aber häßlichen Möbeln. (Um die ansehnlicheren Möbel des Weißen Hauses zu besichtigen, müßte man sich heutzutage wohl in einer der verschiedenen Clinton-Residenzen umsehen.)

Das Weiße Haus ist täglich geöffnet, außer wenn dort gerade Dreharbeiten für die Fernsehserie *West Wing* im Gange sind. Wenn Sie an einer Führung teilnehmen möchten, klettern Sie einfach über den Zaun und bleiben Sie stehen. Ein paar Männer werden angesprintet kommen, um Ihnen zu helfen.

Wenn Sie aus der Haft entlassen werden, können Sie die Besichtigungstour fortsetzen. Sie überqueren den Potomac, befinden sich nun in Virginia und besichtigen:

Das Pentagon

Dieses erstaunliche Gebäude, das Hauptquartier des amerikanischen Militärs, ist ein Wunderwerk der Technik: 1943 wurde es für 50 Millionen Dollar von den Gebrüdern Avocado, Bauunternehmer und Automatenaufsteller, errichtet. Die hauten das ganze Ding im Laufe eines einzigen Wochendes hin und ließen sich in bar bezahlen. Eigentlich sollte es ein ganz normales Gebäude mit vier Wänden werden, aber jemand hatte Senf auf den Bauplänen verschmiert.

Heute ist das Pentagon das größte Bürogebäude der Welt. 685 **Wasserspender** befinden sich in seinem Gemäuer, an die täglich 12.000 alte **Kaugummis** geklebt werden. Die **Korridore** im Pentagon sind gut siebzehn Kilometer lang; noch heute wandern Leute darin herum, die dringende Befehle für die **Invasion in der Normandie** zuzustellen versuchen.

Der Besucher bekommt eine neunzigminütige Führung angeboten, und jeder Teilnehmer, der verspricht, daß er kein ausländischer Spion ist, erhält als Souvenir eine Kopie des **Codes für den Marschbefehl der amerikanischen Nuklearwaffen**. Am Ende der Führung müssen alle ein paar **Liegestütze** machen und massive Anwerbungsversuche durch die Armee ertragen.

So weit unser Rundgang durch die Hauptstadt der Nation. Ich hoffe, Sie begreifen jetzt, daß Sie, der Bürger, der wahre »Boß« der Bundesregierung sind, und zwar in jeder Beziehung, außer was Macht, Status und Eintrittserlaubnis zu den meisten Gebäuden angeht. Trotzdem bin ich mir sicher, daß Sie nun ein tieferes Verständnis von der Regierungsarbeit haben und sie besser zu würdigen wissen. Das nächste Mal, wenn Sie Ihre Steuern zahlen, werden Sie freudig dabei lächeln. Aber vielleicht irre ich mich da auch.

5. KAPITEL:

Das Prozedere der Präsidentenwahlen

Oder: Muppets in Maßanzügen

In den Vereinigten Staaten sind früher bedeutende Männer zum Präsidenten gewählt geworden, Männer wie George Washington, Thomas Jefferson, Abraham Lincoln und Thomas Edison. Aber im Laufe der Jahre scheint es, als habe das Holz, aus dem diese Männer geschnitzt sind, arge Astlöcher bekommen; heute können wir schon zufrieden sein, wenn unser Präsident nicht in den Knast muß und gelegentlich einen vollständigen Satz von sich gibt.

In gewisser Hinsicht ist das gut. Es beweist, daß wir nicht lügen, wenn wir sagen, daß in den Vereinigten Staaten *jeder* Präsident werden kann, ungeachtet seiner Rasse, Religion oder seines Geschlechts, solange er ein, verheirateter, heterosexueller Weißer mittleren Alters ohne sichtbare Tätowierungen ist.

Außerdem muß er unzweifelhaft ein menschliches Wesen sein. Deshalb würde nie jemand – außer seiner Frau – für Steve Forbes stimmen, obwohl er so viel Geld hat wie Finnland. Steve hatte ein paar gute Ideen, aber wenn man ihn beim Reden anschaute und sein abgedrehtes Lächeln und die starren Augen sah, konnte man sich kaum auf seine Worte konzentrieren, weil man immer fürchten mußte, daß sein Gesicht gleich runterklappen und der Schaltkreis darunter zum Vorschein kommen würde.

Steve hat die Präsidentschaftswahl zwar nicht gewonnen, aber ein paar andere ziemlich nichtssagende Typen schon. Deshalb sind viele Politiker zutiefst überzeugt, daß sie es auch mal versuchen sollten. Ihr Vorbild ist Jimmy Carter. Die Leute vergessen das immer wieder, aber bevor Jimmy Carter ein hausbauender Ex-Präsident wurde, war er tatsächlich mal für kurze Zeit Präsident, damals in der Disco-Aera. Die Historiker sind sich immer noch nicht darüber einig, wie das passieren konnte. Ich meine, Jimmy ist ein guter Mensch, aber er hat das Charisma eines Käselaibs. Und dennoch gelang es ihm, von einem Nichts zum mächtigsten Mann der Welt zu werden. Gestern stand er noch irgendwo herum und eröffnete als Hinterbänkler ein Applepie-Festival, und heute tauscht er Kriegsdrohungen mit der Sowjetunion aus!

Seine Geschichte hat viele inspiriert, die in irgendwelchen Loserjobs rumhängen, etwa als Gouverneur oder Senator. Sie schauen in den Spiegel und sagen: »Hey, warum sollte ich eigentlich nicht Präsident werden?«

Und der Spiegel denkt: Weil du ein Idiot bist. Aber dummerweise kann er nicht sprechen.

Und so laden viele ernsthaft von sich überzeugte Präsidentschaftsaspiranten alle vier Jahre zu Pressekonferenzen ein und erklären, sie seien bereit, der Nation zu dienen. Wenn sie sagen »der Nation zu dienen«, meinen sie natürlich: im Autokorso durchs Land zu kutschieren, mit der Air Force One zu fliegen, von einem vielköpfigen Troß bedient zu werden, überall von begeisterten Massen empfangen, umjubelt und beklatscht zu werden und ihnen gelegentlich die Leviten zu lesen.

Die wollen, mit anderen Worten, aus demselben Grund Präsident werden wie Sie: Das wäre echt cool. Wenn man Präsident ist, ist man der Mann. Wenn die Toilette in der Präsidentensuite verstopft ist, sucht man nicht nach dem Pumpsaugerding, sondern greift zum Telefon, drückt eine Taste, sagt: »Meine Toilette ist verstopft« und hängt auf. Weil man weiß, daß die nötigen Schritte eingeleitet werden. Sie werden sogar dann eingeleitet, wenn man versehentlich die falsche Taste gedrückt und mit dem Ministerpräsidenten von Japan gesprochen hat. Innerhalb weniger Stunden würde, als Geschenk des japanischen Volkes, ein brandneues Klo aus massivem Gold mit perlenbesetzter

Spültaste ins Weiße Haus geliefert. So viel Wellenschlag hat ein Präsident!

Das Problem ist nur, daß man, um Präsident zu werden, erst mal nominiert werden muß. Und dieser Wahlkampf hat sich in den letzten Jahrzehnten zu einem brutalen und degradierenden Vorgang entwickelt, bei dem man auf unaussprechlich ekelhafte Art Stiefel lecken und sich bei Gott und der Welt einschleimen muß, um Stimmen und Geld zu sammeln. Das Ganze ist ein einziges Schleimfestival. Niemand mit einem Rest von Würde läßt sich freiwillig auf so etwas ein. Menschen, die sich doch darauf einlassen, haben in der Regel irgendwelche Defizite und sind nach der Nominierungskampagne entweder gestört oder vollends verrückt geworden. Irgendwann wählen wir noch mal einen Präsidenten, der als erste Amtshandlung einen Atomkrieg gegen Iowa und New Hampshire anfängt. Und man kann ihm das gar nicht mal verdenken, wenn man bedenkt, welche Kandidaten hier durchkommen.

Als Journalist habe ich einige dieser Wahlkampagnen begleitet und getan, was ein professioneller Journalist so tut, nämlich in Bars rumsitzen und sich anhören, was die anderen professionellen Journalisten so reden, also hauptsächlich Tiraden über Verleger, die angeblich den IQ eines Lunchpakets besitzen. Aber manchmal raffe ich mich auf und beobachte, was bei diesen Präsidentschaftskampagnen wirklich passiert. Und ich versichere Ihnen: Es ist nicht das, was Sie im Fernsehen sehen.

Im Fernsehen sehen Sie meist einen Kandidaten, der zu einer Gruppe von Wählern spricht, die interessiert zuhört, während der Kandidat sein Programm für das Gesundheitswesen, für die Kinderbetreuung, für die Schweinemast und für die Rasenpflege darlegt – oder sonstwas für die Anwesenden offenbar brennend Interessantes. Das wäre schon trostlos genug, aber die Wirklichkeit ist noch viel, viel schlimmer. In Wirklichkeit besteht der größte Teil des Wahlkampfs nämlich daraus, daß der Kandidat jedes Kaff abklappert, jede noch so piefige Veranstaltung mitnimmt und verzweifelt versucht, irgendwo ein paar Leute zu finden, die ihm überhaupt zuhören.

Da fällt mir ein kalter, grauer Januarnachmittag im New Hampshire des Jahres 1984 ein, als ich über die Kampagne des Präsidentschaftskandidaten Reubin Askew berichtete. Einsam und verzweifelt zog er durch ein Einkaufszentrum und suchte jemanden, irgendjemanden, dem er die Hand schütteln konnte. Für diejenigen unter Ihnen, die mit dem *Who is Who* der Politik nicht so vertraut sind: Reubin Askew war mal Gouverneur von Florida und galt als ein intelligenter, kompetenter und vernünftiger Mann. Bevor er beschloß, Präsident zu werden. (Warum schließlich nicht? Jimmy Carter hatte es ja auch getan.)

Also fuhr Reubin nach New Hampshire und hoffte, das Wahlvolk zu begeistern. Als ich ihn traf, wanderte er ziellos durch das Einkaufszentrum, während seine Wahlhelfer Jagd auf Leute machten, die sich eventuell von ihm begeistern lassen wollten. Sie sprachen eine gehetzte Frau mit drei kleinen Kindern und fünf großen Einkaufstüten an und fragten: »Möchten Sie gern Reubin Askew kennenlernen? Er ist Präsidentschaftskandidat!« Sie gestikulierten zu Reubin rüber, der sich etwas im Hintergrund hielt und versuchte, präsidial zu wirken, so als erwarte er jeden Moment den ägyptischen Staatspräsidenten, um mit ihm ein paar weltpolitische Fragen zu erörtern. Nach einer quälenden und unendlich peinlichen Pause schüttelte die Frau – die, wie die meisten Einwohner von New Hampshire, Präsidentschaftskandidaten aufregend fand wie Streusalz im Winter – den Kopf und ging weiter, während sich die Wahlhelfer auf die Jagd nach dem nächsten begeisterungsfähigen Wähler machten.

1984 war überhaupt ein Superjahr für Präsidentschaftskandidaten der Demokraten, die kaum eine Chance hatten, von Nicht-Familienmitgliedern gewählt zu werden. Unter den Blindgängern, die sich in New Hampshire die Füße platt liefen und nach Wählern Ausschau hielten, denen sie ihre Visionen nahebringen konnten, waren:
– Senator Ernst »Fritz« Hollings aus North oder South

Carolina, dessen herausragende Eigenschaft eine Stimme war, die genauso klang wie der berühmte Comic-Hahn der Warner Brothers. Wenn Fritz bei Kandidatendebatten seine Überlegungen für einen ausgeglichenen Bundeshaushalt darlegte, konnte man einfach nicht zuhören, weil man jeden Moment den Angriff des großen, scharfen Comic-Hofhundes erwartete, der erst im letzten Moment von seiner Kette zurückgehalten und dem Fritz dann einen großen, dicken Comic-Baseballschläger über den Schädel ziehen würde.

— Reverend Jesse Jackson, der für große Redegewandtheit bekannt war und riesige Menschenmengen anzog. Wenn man seine Reden jedoch gründlicher analysierte, merkte man schnell, daß sie nicht viel Sinn ergaben. Man ging hin, um ihn reden zu hören, und man dachte: »Wow!« Später las man dann die Notizen durch, die man sich während der Rede gemacht hatte, und stellte fest, daß all die brillanten, mitreißenden Sätze offenbar aus dem Reimlexikon Der Großen Worte stammten. (»Die *R*evolution der *In*stitution hängt von der *E*volution der *Kon*stitution ab!«)

— Senator Alan Cranston aus Kalifornien, der mehr Ähnlichkeit mit einer Leiche hatte als mancher Friedhofsbewohner und sich einen jugendlicheren Look geben wollte, indem er sich die wenigen Haare rot färbte.

— Senator John Glenn aus Ohio, ein wahrer Held der amerikanischen Raumfahrt, dessen rhetorische Fähigkeiten allerdings an einen Pumpenmotor erinnerten. Seine Reden wurden immer wieder unterbrochen, weil Zuhörer ohnmächtig wurden und krachend zu Boden gingen.

— George McGovern, der schon in der Kampagne von 1972 bewiesen hatte, daß er Wähler aus allen Schichten ansprechen kann, vorausgesetzt sie wohnen in Boston oder einem Vorort von Boston.

— Ein Mann namens Vance Hartke.

Der am heißesten gehandelte Name der Demokratischen Partei war 1984 der von Senator Gary Hart aus Colorado, der plötzlich aus dem Nichts auftauchte und aus keinem erkennbaren Grund enorm populär wurde, genau wie Britney Spears. Das ist typisch für die Nominierungskampagnen: Ein Kandidat ist plötzlich in aller Munde, ohne daß das etwas mit seinen politischen Positionen zu tun hätte, mal angenommen, er hat überhaupt welche. Es hat vielmehr etwas mit Chemie und Emotion zu tun, die sich manchmal zwischen einem Kandidaten und dem Wählervolk entwickeln, und 1984 war das bei Hart der Fall. Wo immer er auftauchte, sammelten sich, begeisterte, kreischende Menschenmengen. Wenn man die Leute fragte: »Warum sind Sie für Hart?«, sagten sie Sachen wie: »Ich finde seine Positionen gut.« Wenn man dann nachfragte: »Welche Positionen?«, sagten sie: »Ach, Sie wissen schon! Seine ... seine Positionen eben.«

Ich bin nie dahintergekommen, wofür er eigentlich stand, ich weiß nur noch, daß er viel von Plutonium sprach. Im wesentlichen mochten die Leute ihn wohl, weil er cool aussah und redete.

Ich glaube wirklich, daß es den Wählern viel wichtiger ist, wie ein Kandidat aussieht und wie er redet, als was er sagt. Nur so ist zu erklären, warum immer wieder Kandidaten die Wählergunst erobern, deren Positionen völlig konträr zu denen eines anderen Kandidaten sind, der aber ebenfalls in der Wählergunst ganz oben liegt. Bis heute halten die Amerikaner große Stücke auf John F. Kennedy, und nicht wegen seiner Politik – kein Mensch weiß, welche Politik er eigentlich gemacht hat –, sondern weil er ... Stil hatte! Er sah gut aus! Seine Frau war sehr attraktiv! Er mochte die Beatles!

Die Leute mochten auch Ronald Reagan, nicht weil er konservativ war, sondern weil er wie ein netter Typ wirkte. Vielleicht war er nicht gerade der Erfinder des tiefen Tellers, aber ein ganz normaler, anständiger Kerl, der einem das Gefühl gab, der eigene Onkel sei plötzlich Präsident geworden. Auch Bill Clinton mochten die Leute, zumindest am Anfang, nicht weil er liberal war, sondern weil er so umgänglich und freundlich wirkte; deshalb vergab man ihm auch seine Schwäche für das weibliche Geschlecht, obwohl sich jedermann darüber klar war, daß er auch die eigene Frau flachlegen würde, wenn er dazu Gelegenheit bekäme.

Aber zurück zum Jahr 1984: Hart war ganz klar der erfolgreichste Bewerber um das Amt des Präsidenten, der einzige, der eine minimale Chance hatte, Ronald Reagan zu schlagen. Folglich machten die Demokraten schließlich Walter Mondale zum Spitzenkandidaten. Als Mondale die Nominierung annahm, schmierte er den Wählern Honig ums Maul, indem er ihnen – mit dieser nasalen, steinerweichenden Stimme, die tief aus der Stahlkammer seines Inneren zu kommen schien – mitteilte: Seine erste Amtshandlung, sollte er die Wahl gewinnen, werde eine saftige Steuererhöhung sein.

Ja, er war schon ein Süßholzraspler, unser Walter!

Die Nominierungsstrategie der Demokraten bestand zu jener Zeit darin, denjenigen zum Spitzenkandidaten zu küren, der mit Sicherheit die Wahl verlieren würde.[47] 1988, als Gary Hart, der Mann mit den überzeugenden Positionen und aussichtsreichster Bewerber um das Präsidentenamt, seine Chancen zu optimieren suchte, indem er sich mit einer heißen Puppe auf dem Schoß in Bimini fotografieren ließ, einigten sich die Demokraten auf ... Michael Dukakis – einen intelligenten Mann, aber sein Mienenspiel hatte die Lebendigkeit und Ausdrucksbreite eines Leguans. Wenn Dukakis auftrat, sprang kein Funke über. Wenn er redete, fürchteten seine Zuhörer, daß jeden Moment seine Zunge vorschnellen und nach einem vorüberfliegenden Insekt schnappen würde. Schlecht beraten war er auch, als er sich in einem Armeepanzer filmen ließ und sein grotesk behelmter Kopf aus der Luke ragte. Wäre dieser Panzer bei einer Schlacht eingesetzt worden –

---

[47] Später übernahmen die Republikaner diese Loser-Strategie, am entschiedensten 1996, als man als Gegenkandidaten zu Bill Clinton, dem stromlinienförmigsten, schulterklopfensten, glattzüngigsten Präsidenten seit Jahrzehnten, Bob Dole nominierte, der, egal, was er sagte, immer wie ein wunderlicher alter Kauz klang, der seine Zuhörer heimlich verdächtigte, seine Zeitung geklaut zu haben.

die Feinde hätten kampflos kapituliert, weil sie sich vor Lachen am Boden gewälzt hätten.

Den größten Unterhaltungswert der 88er-Nominierungskampagne boten jedoch die Republikaner, die unter anderem den extrem extremen Reverend Pat »Pat« Robertson aufstellten. Einer meiner Lieblingsmomente war, als Reverend Robertson mit seinem Tourneebus in Leon, Iowa, Station machte. Eigentlich hatte er einen Hubschrauber benutzen wollen, mußte aber wegen eines Schneesturms auf den Bus umsteigen.

Sie fragen sich wahrscheinlich, warum Reverend Robertson dem Sturm nicht einfach Einhalt gebot, so wie er es angeblich 1985 getan hatte, als sich der Hurrikan Gloria auf sein Hauptquartier in Virginia zubewegte. Damals, so sagte er, habe er gebetet, und in letzter Minute habe der Hurrikan beigedreht. Das war ein großes Wunder, auch wenn Gloria auf der neuen, nordöstlichen Route viele Menschenleben forderte. (Aber dafür konnte Reverend Robertson nichts, denn zu dem Zeitpunkt lenkte er den Hurrikan ja schon nicht mehr.)

1988 hielt sich Reverend Robertson jedenfalls als Wettermacher zurück, denn er wollte als klarsichtige, kompetente Führungspersönlichkeit gelten – und nicht als völlig durchgeknallter Spinner. Als ich ihn sah, stand sein Bus vor der größten Fabrik in Leon, wo ausgerechnet Damenunterwäsche produziert wurde. Eine kleine Gruppe von Damenunterwäscheproduzenten hörte brav zu, als Robertson erklärte, er trete ganz entschieden für die Familie ein, und sich damit scharf von all jenen Kandidaten absetzte, die nicht ganz entschieden für die Familie eintraten. Anschließend setzte sich Robertson wieder in seinen Bus, und die Arbeiter widmeten sich wieder dem Produzieren von Damenunterwäsche, und für vier Jahre war das Leben in Leon wieder normal.

So unterhaltsam Reverend Robertson auch war, die Republikaner wählten 1988 als Team das wohl komischste Duo, das je dieses Land regiert hat. An der Spitze stand: George Herbert Walker Vanderbilt Pierce-Worcestershire Kennebunkport Bush. Er hatte etwas wunderbar

Einfältiges an sich. Wann immer er sich öffentlich äußerte, machte die ganze Nation *Hä?* Immer wieder wird über das Sprachproblem seines Sohnes, des gegenwärtigen Präsidenten George W. Bush, spekuliert. Man fragt sich, warum es ihm so schwer fällt, Sätze mit Subjekt und Prädikat zu bilden. Für mich liegt die Antwort auf der Hand: *Als Kind hörte er ständig seinen Vater reden.* Erinnern Sie sich nur an einige Aussagen, die der ältere Bush während seiner Amtszeit als Präsident der Vereinigten Staaten von Amerika machte:

Über einen Song der Nitty Gritty Dirt Band: »Ich hatte ihnen gesagt, daß es da diese Nitty Ditty Nitty Gritty Great Bird ... also daß es da heißt: Wer einen Regenbogen sehen will, muß auch den Regen ertragen.«

Über die First Lady: »Alle reden von Barbara. Wir vermissen sie wirklich. Aber ich habe ihr gesagt, daß ich sie nicht brauchen werde, weil mir bestimmt nicht schlecht wird.«

Über seine Gesundheit: »Ich brauche Ihnen nicht leid zu tun, nein, nein: Weine nicht um mich, Argentinien!«

Über seine Message: »Aber nun das Credo: Ich kümmere mich.«

Über höheres Arbeitslosengeld: »Wenn ein Frosch Flügel hätte, würde er nicht mit dem Schwanz auf den Boden schlagen. Das ist eine rein hypothetische Möglichkeit.«

1988, als Bush noch Vizepräsident war und in seiner Partei um die Nominierung als Spitzenkandidat kämpfte, sah ich ihn einmal auf einer Baustelle in Miami. Sein Konvoi machte gerade halt, und sein Pressesprecher sagte, dieser Stop sei nicht geplant gewesen – so wenig geplant wie der Bau des Hoover Damms. Es war die übliche Wahlkampfszene: Bush schüttelte Bauarbeitern die Hände, während sich die Leute vom Secret Service höchst alarmiert umsahen, als käme gleich ein Attentäter aus dem Dixieklo. Dann witterte der Vizepräsident die Chance für ein gelungenes Foto, als er eine Maschine erblickte, die sich »Vibrationsroller« nennt – eine große, rattenscharfe, maskuline Dampfwalze, die von Sexhormonen angetrieben wird.

Bush erkannte seine Chance, einmal so richtig in Präsidentenpose gehen zu können, erklomm den Vibrationsroller, stellte sich neben den Mann im Fahrerhäuschen und begann – zum offensichtlichen Entsetzen der Secret-Service-Leute und dieses Mal tatsächlich vollkommen ungeplant – an Hebeln und Knöpfen herumzudrücken. Der Vibrationsroller vibrierte und rollte wie verrückt, rammte sich in den Boden, kam ruckartig wieder hoch und jagte Kameraleute und Reporter mit einer gewaltigen Staubwolke in die Flucht. Als es dem Mann im Führerhäuschen endlich gelang, die Maschine zu stoppen, kletterte Vizepräsident Bush herab, legte den Arm um den Arbeiter, strahlte und sagte – wörtlich: »Alles, was ich über Vibratoren weiß, hab ich von ihm.«

In puncto Eloquenz stand ihm sein späterer Vizepräsidenten, der legendäre J. Danforth Quayle jedoch in nichts nach. Nie wußte man, was Dan als nächstes sagen würde, und das Schöne war: Dan wußte es selber nicht. Wenn man ihm eine Frage stellte, hatte er immer sofort eine Antwort parat, und während er sprach, konnte man an seinen Augen ablesen, was er dabei dachte. Er dachte: O mein Gott, ich rede ja! Und dabei hab ich nicht den geringsten Schimmer, worüber! *SOGAR GERADE JETZT, IN DIESEM MOMENT, HABE ICH KEINE AHNUNG, WAS ICH SAGE!* Das ist die einzig mögliche Erklärung für so manche Äußerung, die Vizepräsident Quayle im Laufe seiner Amtszeit von sich gab, etwa:

Über die Wahrscheinlichkeit, daß es Leben auf dem Mars gibt: »Wir haben Fotos gesehen, auf denen man Kanäle erkennen kann, und, wie wir glauben, Wasser. Wenn es dort Wasser gibt, muß es dort auch Sauerstoff geben.

Wenn es dort Sauerstoff gibt, bedeutet das: Man kann atmen.«[48]

Über den Verstand: »Was für eine Verschwendung, wenn jemand den Verstand verliert oder überhaupt keinen hat ... ja, das ist wohl wahr.«

Über Erfolg: »Wenn wir keinen Erfolg haben, riskieren wir einen Mißerfolg.«

Über das Amt des Vizepräsidenten: »Die Verantwortung, die ein Vizepräsident trägt, läßt sich mit einem Wort ausdrücken. Dieses Wort lautet: Sei auf alles gefaßt.«

Ja, die Bush-Quayle-Administration war ein einziges Schlaraffenland für uns Humoristen. Dennoch übertraf keiner der Clowns im Weißen Haus den Lachfaktor, den uns die acht himmlischen Jahre der Clinton-Administration bescherten. Solange dieser Mann das Sagen hatte, passierten ständig komische Sachen. Und jedesmal verwandelte sich Washington dann in die Kulisse einer Sitcom-Episode mit liebgewonnenen Darstellern und einem vorhersehbaren Plot in drei Akten:

Erster Akt: Etwas Skandalöses passierte, sagen wir: Ein Praktikant wurde zum Essenholen geschickt und klaute dem Präsidenten die Pepperoni von der Pizza. Oder verschwundene Akten, die im Zuge polizeilicher Ermittlungen gesucht wurden, fanden sich im Wohnbereich des Weißen Hauses wieder an, und kein Mensch wußte, wie sie dahin gelangt waren, als sei der Wohnbereich des Weißen Hauses ein überwachungsfreier, öffentlicher Tummelplatz, wo jedermann Zutritt hat und seine Sachen unbemerkt herumliegen lassen kann.

Zweiter Akt: Wenn der Skandal publik geworden war,

---

48 Als Quayle dieses Statement machte, hatte er den Vorsitz des Nationalen Raumfahrtausschusses inne.

wurde der Präsident ganz still und ernst, fing fast an zu weinen, biß sich auf die Lippen und erklärte, die ganze Sache sei ein Mißverständnis oder ein Mißverhältnis oder eine Miß Lewinsky, aber rechtlich gesehen habe er sich nichts zuschulden kommen lassen, und wenn die Republikaner diese Sache zum Anlaß für eine Hexenjagd nehmen wollten, um einen Massiven Rechtsruck auszulösen, dann sollten sie es nur versuchen, er jedoch, der Präsident, werde jetzt einfach den Job weitermachen, in den ihn das amerikanische Volk gewählt habe, nämlich weiter im Land herumreisen, Gelder für die Demokratische Partei einsammeln und jeden, der zufällig in seine Nähe kommt, ganz herzlich umarmen.

Dritter Akt: Die Republikaner witterten eine Chance, endlich diesen Präsidenten loszuwerden, den sie mehr haßten als alles andere, ausgenommen vielleicht Rap-Musik, freuten sich darüber, daß sie das Gesetz und eine klare Beweislage auf ihrer Seite hatten, zogen sich zum Nachdenken zurück und traten dann mit einer politischen Strategie an die Öffentlichkeit, die garantiert nach hinten losging. Am Ende standen sie dann als noch wichtigtuerischer, verlogener und ratloser da als vorher und erinnerten an den Comic-Kojoten: Als die Show zu Ende war, bekamen sie den Amboß auf den Kopf, und der Präsident flitzte mit einem fröhlichen *meep-meep* in den Sonnenuntergang.

Ja, es waren acht unterhaltsame Jahre, und sie gipfelten in einem furiosen Finale. Bill mußte die ganze Nacht aufbleiben und sich bei allen und jedem – außer Charles Mason – entschuldigen. Und dann der Auszug der Clintons aus dem Weißen Haus, bei dem sie jede Menge Abschiedsgeschenke mitnahmen, wie die Kuratoren des Hauses hinterher feststellten (»Hey! Wo, zum Teufel, ist Lincolns Schlafzimmer geblieben?«)

Als Humorkolumnist vermisse ich Bill Clinton sehr. Ich begann ihn schon kurz vor seinem Amtsabtritt zu vermissen, im traurigen Wahlkampfjahr 2000, als der Nation nach und nach die bittere Erkenntnis dämmerte, daß ihr nächster Präsident einer dieser beiden Kandidaten sein würde:

– Al Gore, dessen politisches Konzept einzig und allein darin zu bestehen schien, daß er alles, was sein Wahlgegner vorschlug, zu einem riskanten Unternehmen erklärte. Darüber hinaus hatte er diese unglaublich nervige, arrogante Art zu sprechen, und man kam sich immer wie eine Herde ungewöhnlich dummer Schafe vor. (»Das ist ein riskantes Unternehmen! Es ist schlecht. Schlecht! Schleeecht!«)

– George W. Bush, der immer nur so viel sagen konnte, wie seine Berater auf die Karteikärtchen in seiner Hand geschrieben hatten, und der sich oft so anhörte, als hätte *er* den Verstand eines Schafes. (Zitat: »Sind viele Verrückte auf der Welt, was macht Terror.«)

Das war die Wahl, vor die wir im Jahre 2000 gestellt waren: Wir konnten uns für einen Nervbolzen oder für einen Dummkopf als Präsident entscheiden.

Ich habe beide persönlich kennengelernt. Zwar würde ich nicht behaupten, daß ich sie gut kenne, aber ich kann doch sagen: Privat wirkte Gore natürlicher als bei öffentlichen Auftritten und Bush intelligenter. Auf jeden Fall waren sie nicht die überprogrammierten Androiden aus der Fernsehdebatte, die beide verzweifelt versuchten, alles auswendig Gelernte auch ja loszuwerden. Unsere Wahlkampagnen sind so schrecklich geworden, weil die meisten Kandidaten glauben, sie könnten nur gewinnen, wenn sie niemals etwas Spontanes, Witziges, nachdenklich Stimmendes oder Unpopuläres sagen, sondern immer nur etwas Markterprobtes, Handelsübliches, Zielgruppengenaues, fundamental Bedeutungsloses – rhetorische Mogelpackungen eben (»Eine Brücke ins Zwanzigste Jahrhundert bauen!« – »Ein Erneuerer auf Erfolgskurs!« – »Schmeckt lecker!« – »Macht kein Völlegefühl!«).

Würde sich ein normaler Mensch so verhalten und wie ein Roboter die immer gleichen, simplen Worthülsen absondern, egal, was man ihn gefragt hat, man würde ihn für geisteskrank halten. Aber wenn sich Präsidentschaftskandidaten so verhalten, verfolgen sie stringent ihre »Ziele« und weisen sich damit als Politprofis aus. Denn es funktioniert ja! Die Wähler kaufen einem das ab! Zumindest diejenigen, die noch zur Wahl gehen. Aber das werden immer weniger, nicht wahr?

Die Zeitungen sind voll von Lamentos über die sinkende Wahlbeteiligung bei Präsidentenwahlen. Die Kernaussage dieser Lamentos ist, daß mit den Wählern etwas nicht stimme. Aber sehen wir uns doch einmal die Kandidaten an! Vielleicht gehen die Wähler nicht mehr zur Wahl, weil sie erkannt haben, daß unser gegenwärtiges politisches System – von und für Politprofis gemacht – uns am Ende nur die Wahl zwischen zwei Muppets in Maßanzügen läßt.

Was kann man tun, um die Wähler an die Urne zu bringen? Ich hätte da ein paar Vorschläge zu machen. Der wichtigste wäre:

1. Mehr Ehrlichkeit in Wahlkämpfe injizieren

Ich benutze das Wort »injizieren« hier nicht im übertragenen Sinne. Vielmehr denke ich an obligatorische Injektionen hochdosierten Natriumpentothals, des sogenannten »Wahrheitsserums«, die jedem Präsidentschaftskandidaten intravenös zu verabreichen sind. Ich stelle mir das so vor: Jeder Kandidat wird rund um die Uhr von einem durch die Bundeswahlkommission bestimmten Arzt begleitet, der dafür sorgt, daß der Kandidat jederzeit genug Natriumpentothal intus hat und den Wählern sagt, was er wirklich denkt.

Das würde den Wahlkampf enorm beflügeln. Ich will es mal an einem Beispiel verdeutlichen: dem Umgang der Kandidaten mit dem Thema Äthanol bei den Vorwahlen in Iowa.

Äthanol ist eine Chemikalie, die irgendwas mit Mais zu tun hat und der Gewinnung von Treibstoff für Autos. In Iowa, wo es Mais in Hülle und Fülle gibt, ist man geradezu besessen davon und baut Unmengen von Mais an, die keiner haben will.

Wenn also ein Präsidentschaftskandidat in Iowa auf Wahlkampftour ist, kommt bei jedem Auftritt der rituelle Moment, in dem ein Farmer mit Baseballmütze, auf der das Logo eines Pestizidherstellers prangt, aufsteht und fragt, wie der Kandidat zu Äthanol steht. Bislang ist es Pflicht für die Kandidaten, bei der Beantwortung dieser Frage die folgenden Punkte abzuarbeiten:

– Farmer sind das Rückgrat dieser großartigen Nation.
– Unser Land ist schändlich abhängig von Öl aus dem Mittleren Osten.
– Der Mittlere Osten liegt im Ausland und ist voll von Ausländern.
– Die Leute im Mittleren Osten sind keine Amerikaner!
– Die amerikanischen Farmer hingegen sind Amerikaner, das dürfen wir nie vergessen!
– Der Kandidat wird, sobald er Präsident ist, dafür sorgen, daß die Amerikaner nur noch Äthanol aus Iowa tanken, denn Iowa liegt mitten in Amerika, und das Rückgrat von Amerika sind die Farmer.
– Außerdem verspricht der Kandidat Milliarden von Dollars aus dem Staatshaushalt, um Programme zur Entwicklung und Verbreitung von Maisprodukten zu finanzieren, wie Eiskrem mit Maisgeschmack, Dachziegel aus Mais, maisbetriebene Computer etc.
– Ferner wird der Kandidat im Oval Office einen Maisschrein errichten, vor dem er täglich in frommer Andacht verweilen wird.

Und so weiter und so fort. Alle Kandidaten – egal wo im politischen Spektrum sie stehen – kriechen den Farmern in Iowa in den Hintern, wenn es um die Mais/Äthanol-Frage geht. Sowie die Vorwahlen beendet sind, rückt der Mais wieder an den Platz, den er vorher auf ihrer Prioritätenliste innehatte: Er verschwindet. Dann ziehen sie weiter nach New Hampshire und tun so, als lägen ihnen Fragen am Herzen, die für die Wähler von New Hampshire wichtig sind, wie etwa die Bundesbürgschaft für Schäden durch Schneematsch.

Jetzt stellen Sie sich nur mal vor, wie diese Fragen behandelt würden, wenn die Kandidaten bis zu den Ohrläppchen voll mit Natriumpentathol wären! Stellen Sie sich vor, der Kandidat würde die rituelle Farmersfrage nach Äthanol ehrlich beantworten! Das klänge wahrscheinlich so:

FARMER: Ich baue Mais an und will gern mal wissen, wie Sie zu Äthanol stehen.

KANDIDAT: Hey, Gomer, ich sag dir jetzt mal, wohin du dir deinen Mais stecken kannst!

Zuerst wären die Leute in Iowa natürlich schockiert. Sie würden sich sofort für einen anderen Kandidaten entscheiden. Aber wenn alle Kandidaten ehrlich wären, würde es den Farmern allmählich dämmern, daß sich trotz aller Lügen, die ihnen immer wieder von ehrgeizigen Möchtegern-Präsidentschaftsbewerbern aufgetischt wurden, kein Mensch außer Maisfarmern für das Thema Äthanol interessiert. Irgendwann würden sie sich sagen: »Nun ja, wahrscheinlich hat der Präsident der Vereinigten Staaten von Amerika Wichtigeres zu tun.« Und damit wäre unserem Land sehr geholfen.

Es geht mir gar nicht darum, auf Iowa herumzuhacken. Ich glaube, das ganze amerikanische Wählervolk besteht aus lamentierenden Interessengruppen, die erwarten, daß man ihnen in den Hintern kriecht, und von klaren, offenen Worten der voll unter Wahrheitsdroge gesetzten Kandidaten würden alle profitieren.

Ich kann mir folgende Szene vorstellen:
Der Kandidat spricht auf einer dieser verlogenen Kleinstadt-Versammlungen, und der unvermeidliche ernste Jugendliche steht auf und fragt den Kandidaten, wie er das Bildungssystem zu verbessern gedenkt. Der Kandidat antwortet, das Hauptproblem mit dem Bildungssystem, so wie er es sehe, sei doch, daß man eine Jugend zu bilden versuche, die, nach ihrer Musik zu urteilen, vollkommen verblödet sei. Der Kandidat begeistert sich für das Thema und sagt, wenn unsere Jugend zu wenig Grips habe, um bessere Schulabschlüsse zu schaffen, solle man sie viel-

leicht ins Ausland schaffen und dafür ausländische Schüler ins Land holen, die mehr auf dem Kasten haben.

Dann steht der unvermeidliche Polizist auf und fragt, was der Kandidat gegen die Kriminalität zu tun gedenke. Der Kandidat antwortet, er sei dafür, das Jurastudium bei Todesstrafe zu verbieten.

Dann steht der unvermeidliche Rentner auf und fragt, was der Kandidat für die Rentner zu tun gedenke. Der Kandidat antwortet, daß er ihre Rente kürzt, wenn sie sich nicht angewöhnen, schneller zu fahren und ihre verdammten Blinker auszuschalten.

Dann stehen ein paar Abtreibungsgegner und -befürworter auf und halten simultan ihre Predigten, und der Kandidat sagt: »Warum geht ihr nicht einfach raus und schlagt euch draußen eure Parolen um die Ohren, statt uns damit vollzulabern?«

Dann steht die unvermeidliche besorgte Mutter auf und fragt, wie der Kandidat zu Drogen steht. Und der Kandidat antwortet, danke, aber im Moment brauche er keine, er habe genug Natriumpentathol intus.

Wäre das nicht wunderbar? Würden Sie als Wähler nicht viel aufmerksamer einem Kandidaten zuhören, der außerstande ist zu lügen? Stellen Sie sich vor, wie lustig eine Debatte mit mehreren Kandidaten wäre, die alle nicht lügen können! (Die Schlagzeile in den Zeitungen wäre: KANDIDATEN GEBEN ZU: ES GEHT IHNEN NUR UM PUBLICITY!)

Aber chemisch ausgelöste Ehrlichkeit ist nur ein Hammer in meinem hammerharten Programm zur Verbesserung der Wahlkämpfe. Der zweite ist:

2. Die Kandidaten sollen Sponsorenlogos tragen

Sehen Sie sich manchmal Autorennen im Fernsehen an? Ist Ihnen schon mal aufgefallen, daß die Schutzanzüge der Fahrer mit den Logos ihrer Sponsoren übersät sind? Ist Ihnen schon mal der Gedanke gekommen, daß wir das gleiche mit unseren Präsidentschaftskandidaten machen könnten? Richtig: Wir könnten sie mit 250 km/h in die Mauer krachen lassen.

Nein, das wäre sicher sehr lustig, aber ich schlage vor, sie sollten deutlich zeigen, wer sie für ihre aktuelle Meinung bezahlt. Das würde uns allen viel Verwirrung ersparen. Al Gore, beispielsweise, machte sich immer wieder für die staatlichen Schulen stark. Das verwirrte die Leute, weil man wußte, daß er seine eigenen Kinder auf exklusive Privatschulen schickte. Wieviel klarer wäre die ganze Sache gewesen, hätte Al ein tellergroßes Abzeichen der Lehrergewerkschaft am Revers getragen. Und stellen Sie sich vor, wieviel verständlicher George W. Bushs Umweltpolitik wäre, wenn er das Logo einer Ölgesellschaft auf der Stirn tätowiert hätte. Man müßte nicht mal mehr zuhören, wenn sich die Kandidaten zu den betreffenden Themen äußern! Man bräuchte nur auf ihre Logos zu achten.

Auch der nächste Hammer meines Programms zur Wahlkampfreform betrifft die Verständlichkeit der Kandidaten:

3. Die TV-Debatte der Kandidaten muß interessanter werden

In den letzten Jahren haben sich immer weniger Menschen die große Fernsehdebatte angesehen. Der durchschnittliche Amerikaner sieht lieber einen Käfer über den ausgeschalteten Bildschirm krabbeln, als daß er ein paar Scheintoten in dunklen Anzügen dabei zuschaut, wie sie, an ein Stehpult geklammert, ungefragt ihre auswendig gelernten Texte abschnurren und versprechen, Amerika zu führen.

Eine sichere Methode, die Einschaltquoten dieser Fernsehdebatten zu erhöhen, wäre die Einrichtung einer Gratis-Nummer, bei der man seinen Favoriten wählt und der Verlierer wird vor laufender Kamera eliminiert. Leider gäbe es wohl rechtliche Probleme. Aber ich sehe keinen Grund, warum die Debatte nicht um eine Bademoden- und eine Talentshow erweitert wird. Oder wie wäre es mit einem Quiz über das Weltgeschehen, bei dem jeder

Kandidat, der eine falsche Antwort gibt, ein Kleidungs-
stück ausziehen muß? Oder man könnte jedem Kandidaten einen Zettel mit einem komischen Begriff geben, etwa
»Affennase«, den er in jede Antwort einfließen lassen
muß. Oder Billy Crystal könnte die Eröffnungsmodera-
tion machen. Oder die Kandidaten könnten sich hinter
ihre Stehpulten ducken und die ganze Debatte mit Hand-
puppen spielen. Oder die Kandidaten müßten in eine Ba-
dewanne voll Wackelpudding steigen und einen Zwei-
kampf mit Yassir Arafat führen.

Das sind nur einige Vorschläge, die mir spontan eingefallen sind. Ihnen fallen sicher noch andere ein, wenn Sie
so viel Bier getrunken haben wie ich. Was uns zum nächsten Wahlkampfreform-Hammer bringt:

4. Alle Werbespots dürfen nur noch von den Sumpfbewohnern aus der Budweiserreklame gespielt werden

Mit anderen Worten: Die Kandidaten lassen dieselben
Werbespots laufen wie bisher – der Kandidat im Kreise
seiner Familie, der Kandidat mit besorgtem Gesicht vor
einer Gruppe von Rentnern etc. – nur daß alle Figuren,
inklusive Kandidat, von einem Frosch, einer Eidechse
oder einem Frettchen gespielt werden. Das Frettchen
müßte die Off-Stimme übernehmen, weil es für das
menschliche Ohr kaum verständlich ist. Das bringt uns
direkt zum letzten Wahlkampfhammer:

5. In jedem Kapitel muß wenigstens einmal die Gigantische Prähistorische Zucchini vorkommen

6. KAPITEL:

Ein moderner amerikanischer Wahlkampf

Oder: Sieben Wochen Wahrheit und Werbung

Erste Woche

SPRECHER: Der Kongreßabgeordnete Bob Humpty kämpft seit vierzehn Jahren für uns in Washington.

(Bob Humpty, die Hemdsärmel hochgekrempelt, spricht mit einer Gruppe von Leuten, im Hintergrund sieht man das Kapitol. Humpty gestikuliert forsch und entschlossen. Die Leute hören ihm sehr interessiert zu. Es gibt keinen Ton. Man kann nicht hören, daß es sich um Norweger handelt, denen er den Weg zur nächsten U-Bahn-Haltestelle erklärt.)

SPRECHER: Bob Humpty. Ein Ehemann. Ein Vater. Ein Mann mit Haaren.

(Humpty mit Familie, Hund, Haaren. Alle lächeln. Der Hund strahlt.)

SPRECHER: Wir wollen, daß Bob Humpty weiter für uns kämpft. Natürlich nicht für mich persönlich. Ich bin Fernsehsprecher, wohne in New York und gehe schon seit 1978 nicht mehr zur Wahl.

(Großaufnahme Bob Humpty.)

BOB HUMPTY: Mein Name ist Bob Humpty. Ich möchte weiter für Sie in Washington kämpfen. Ich besitze dort ein hübsches Haus.

(Text in Versalien: »BOB HUMPTY. ER KÄMPFT FÜR SIE.«)

SPRECHER: Bob Humpty. *(Vielsagende Pause.)* Der wahre Bob Humpty.

Zweite Woche

SPRECHER: Bob Humpty sagt, er will für Sie kämpfen.

(Grobkörniges Schwarz-Weiß-Foto von Bob Humpty, auf dem er wie ein Vampir mit Sodbrennen aussieht.)

SPRECHER: Aber wie Sie an seinem verschlagenen Blick auf diesem Foto sehen und wie auch die Skepsis in meiner professionellen Sprecherstimme andeutet: Bob sagt nicht die Wahrheit. Tatsache ist: 1997 ließ Bob Humpty zu, daß ein Großunternehmen, das Pflege- und Altenheime mit Lebensmitteln versorgt, seinen Profit erhöhte, indem es den alten Leuten nur noch Abfälle aus Hamsterkäfigen zu essen gaben.

(Abgemagerte ältere Frau blickt traurig auf einen Teller voll Sägespäne.)

SPRECHER: Bill Dumpty sagt, es sei Zeit für einen Wechsel.

(Weicher Schnitt auf einen seriös dreinblickenden Bill Dumpty.)

BILL DUMPTY: Ich heiße Bill Dumpty, und ich finde es falsch, alte Leute verhungern zu lassen.

(Bill Dumpty mit einer älteren Frau. Er reicht ihr einen Junior Whopper. Sie nimmt ihn dankbar.)

SPRECHER: Bill Dumpty. Wir wollen einen Kämpfer mit Herz nach Washington schicken.

(Text in Versalien: »Bill Dumpty. Ein Kämpfer mit Herz.«)

SPRECHER: Bill Dumpty. *(Vielsagende Pause.)* Damit Ihre Mutter nicht verhungert.

Dritte Woche

SPRECHER: Bob Humpty äußert sich zum Thema.

(Ranfahrt auf einen traurigen Bob Humpty.)

BOB HUMPTY: Es ist eine wahre Schande, daß sich Bill Dumpty auf eine Negativkampagne voller Lügen und Verzerrungen einläßt, bei der unterm Strich nicht mehr und nicht weniger herauskommt als ein unterschwelliger Aufruf zu Kindersex. Ich führe einen Positivwahlkampf und stelle die wichtigen Sachfragen unserer Tage in den

Mittelpunkt, und Sie haben mein Wort, daß das auch so bleiben wird. Allerdings habe ich keinen Einfluß auf den Text des Fernsehsprechers.

SPRECHER: Bill Dumpty *sagt*, er will für Sie kämpfen.

(Unscharfes Schwarz-Weiß-Foto von Bill Dumpty, auf dem er drei Augen zu haben scheint.)

SPRECHER: Aber die Wahrheit ist, daß Bill Dumpty Geld von Lobbyisten angenommen hat, und das ist schlecht.

(Schnelle Montage von Zeitungsausschnitten. Die Texte sind nicht lesbar, aber ein paar Schlagzeilen sind zu erkennen: DUMPTY LÄSST SICH VON LOBBYISTEN BEZAHLEN, DUMPTY ENTPUPPT SICH ALS LÜGNER, DUMPTY STECKT KIRCHEN IN BRAND.)

SPRECHER: Bill Dumptys Negativkampagne verbreitet Lügen über Bob Humptys Wahlverhalten. Tatsache ist, daß Bob Humpty 1997 das ganze Jahr im Koma lag.

(Fotomontage: Zeitungsschlagzeilen verkünden HUMPTY IN KOMA, HUMPTY WIRD 1997 DAS GANZE JAHR IM KOMA LIEGEN, HUMPTY KANN NICHT WÄHLEN GEHEN – LIEGT NOCH IM KOMA, etc., danach ein Foto von Bob Humpty, der mit geschlossenen Augen in einem Krankenhausbett liegt; sein Hund leckt ihm traurig das Gesicht.)

SPRECHER: Selbst in dieser Zeit kämpfte Bob Humpty für unsere älteren Mitbürger.

(Eine ältere Frau steht neben dem komatösen Bob Humpty und schüttelt dankbar seine schlaffe Hand.)

BOB HUMPTY: Ich möchte mich nicht der negativen Wahlkampftaktik meines Gegners und seiner Lobbyistenfreunde bedienen, denn diese Leute stehen dem Organisierten Verbrechen nahe. Ich möchte mich weiter auf die Sachfragen konzentrieren und in Washington für Sie gegen die verschiedenen Interessengruppen kämpfen.

(Bob Humpty vor dem Kapitol. Er boxt einen fetten Mann. Der Mann trägt ein Schild mit der Aufschrift LOBBYIST.)

SPRECHER: Bob Humpty. *(Vielsagende Pause.)* So steht es in meinem Skript.

Vierte Woche

SPRECHER: Bob Humpty sagt, er will einen positiven Wahlkampf führen. Ich weiß das, weil ich der Fernsehsprecher für beide Kandidaten bin. Aber die Wahrheit ist, daß, wenn man den aktuellen Schlagzeilen glauben darf, Bob Humpty den negativsten Wahlkampf der amerikanischen Geschichte führt.

(Montage von Zeitungsschlagzeilen: HUMPTY FÜHRT NEGATIVSTEN WAHLKAMPF DER AMERIKANISCHEN GESCHICHTE, HUMPTY – EIN MIESER CHARAKTER, DIESE ZEITUNGSSCHLAGZEILEN SIND ECHT, etc.)

SPRECHER: Bill Dumpty findet, es reicht.

(Bill Dumpty, lässig und in warme Farben gekleidet, steht auf einer sonnenüberfluteten Wiese und streichelt einen treu zu ihm aufblickenden Hund. Es scheint derselbe Hund zu sein wie in Bob Humptys Spots.)

BILL DUMPTY: Ich heiße Bill Dumpty, und ich glaube, wir alle haben genug von Bob Humptys Negativkampagne und seiner Art, die Dinge verzerrt darzustellen. Dahinter stecken Interessengruppen, die nichts anderes im Sinn haben, als unseren Planeten zu zerstören.

(Grobkörniges Schwarz-weiß-Foto von Bob Humpty, der Darth Vader die Hand schüttelt.)

BILL DUMPTY: Das sind nicht die Führer, die wir brauchen. Ich glaube vielmehr, wir brauchen Führer, die sich lässig in warme Farben kleiden und sympathisch wirkende Hunde streicheln. Ich liebe Tiere; das kann man von meinem Gegner leider nicht sagen.

(Grobkörniges Schwarz-weiß-Foto von Bob Humpty, der mit einem Hammer auf ein Kätzchen einschlägt.)

SPRECHER: Möge die Botschaft bei Bob Humpty ankommen, daß wir seine Negativkampagne satt haben, ebenso wie seine brutalen Attacken auf pelzige Jungtiere. Wir wollen einen positiven Mann nach Washington schicken, einen, der lässige, warme Farben trägt, einen, der sich kümmert und gegen die Interessengruppen kämpft. Wir wollen Bob Humpty.

STIMME AUS DEM OFF *(flüsternd)*: Nein! Bill Dumpty!

SPRECHER: Sag ich doch!

Fünfte Woche

SPRECHER: Bill Dumpty hat in den letzten Wochen durch seinen von extremistischen Interessengruppen finanzierten Negativwahlkampf Bob Humptys Ruf schwer beschädigt.

(Grobkörniges Schwarz-weiß-Foto von Bill Dumpty, der, Arm in Arm mit Adolf Hitler, ausgelassen in die Kamera lacht.)

SRECHER: Das traurigste an Bill Dumptys Negativkampagne waren jedoch seine Anspielungen auf Tierquälerei. Er kann sich glücklich schätzen, daß Bob Humpty eine so positive Kampagne führt, denn sonst würden wir Ihnen ein paar schockierende Dinge über Bill Dumpty und Tierquälerei verraten.

(Grobkörniges Schwarz-weiß-Foto, das Bill Dumpty bei Sexualverkehr mit einem Schaf zeigt.)

SPRECHER: Bob Humpty findet, wir haben genug von Bill Dumpty und seinem irreführenden Negativwahlkampf.

(Großaufnahme eines sehr seriös dreinblickenden Bob Humpty.)

BOB HUMPTY: Mein Name ist Bob Humpty, und ich finde, es ist an der Zeit, daß wir mit den Beschuldigungen aufhören und uns den Sachfragen widmen. Ich finde es falsch, Sex mit *irgendeinem* Nutztier zu haben. Ich weiß, daß mein Gegner das anders sieht. Aber ich glaube, darüber können wir positiv und konstruktiv streiten, ohne negativ zu werden und Lügen und Drohungen zu verbreiten – obwohl mein Gegner bereits angekündigt hat, er werde meine kleine Tochter entführen.

(Bob Humpty nimmt schützend verängstigtes Kleinkind auf den Arm.)

SPRECHER: Bob Humpty. *(Vielsagende Pause.)* Diesmal richtig?

Sechste Woche

SPRECHER: Bob Humpty sagt, er will über die Sachfragen sprechen.

*(Ranfahrt auf eine Heuschrecke, darunter der Schrift-
zug: BOB HUMPTY)*

SPRECHER: Aber warum verbreitet Bob Humpty
dann Lügen über Bill Dumpty? Bill Dumpty ist ein guter
Mann.

*(Bill Dumpty schüttelt die Hand eines lächelnden Jesus
Christus.)*

SPRECHER: Tatsache ist: Seit Bob Humpty in Washington ist, sind 350 Millionen Menschen in aller Welt
gestorben – an Krankheit, Hunger, Erdbeben und Angrif-
fen mit Macheten.

*(Der Schriftzug ÜBER 350 MILLIONEN wird über
ein grobkörniges Schwarz-weiß-Foto von Bob Humpty
gelegt.)*

SPRECHER: Kann das Zufall sein? Nicht, wenn man
diesen echt wirkenden Schlagzeilen glauben darf.

*(Zeitungsschlagzeilen: HUMPTY UND DIE 350 MIL-
LIONEN TOTEN und DAS KANN KEIN ZUFALL
SEIN)*

SPRECHER: Bill Dumpty sagt, es gibt einen besseren
Weg.

*(Großaufnahme von Bill Dumpty. Er trägt einen Heili-
genschein.)*

BILL DUMPTY: Im Gegensatz zu meinem Gegner bin
ich der Auffassung, daß die Menschen nicht sterben sollten.

*(Bill Dumpty berührt einen toten älteren Mitbürger,
der sich im Sarg aufrichtet, lächelt und Bill Dumpty die
Hand schüttelt.)*

SPRECHER: Bill Dumpty. *(Vielsagende Pause.)* Ich
kündige meinen Sprecher-Job und suche mir eine ehrliche
Arbeit, zum Beispiel als Grabplünderer.

Ergebnisloser Kampf um Sitz im Kongreß; Wähler wollten keinen der beiden Kandidaten

MUNG CITY (AP) – Behördensprecher bezeichneten es als beispiellos, daß bei den Kongreßwahlen am Dienstag für keinen der Kandidaten aus dem 763. Wahlbezirk auch nur eine einzige Stimme abgegeben wurde.

Das Null-Ergebnis sei um so erstaunlicher, als der Wahl eine intensive Fernsehkampagne beider Kandidaten, des Kongreßabgeordneten Bob Humpty (republikanischer Demokrat) und seines Herausforderers Bill Dumpty (demokratischer Republikaner) vorausgegangen war. Offenbar sind nicht einmal die beiden Kandidaten selbst wählen gegangen.

»Das ist der schlimmste Fall von Wählerapathie, den ich je erlebt habe«, sagte der Wahlleiter, C. Wardell Crumpet. »Da fragt man sich doch wirklich, was mit den Leuten hierzulande los ist.«

7. KAPITEL:

Das Jahr 2000 – Ein Präsident wird gemacht

Oder: Wir geben Florida den Spaniern zurück! (vorausgesetzt Spanien spielt mit)

Wenn künftige Generationen von Geschichtsstudenten auf die Präsidentenwahl des Jahres 2000 zurückblicken, werden sie sagen: »Mann, war das eine historische Wahl!«

Dabei werden sie das Wort »historisch« im Sinne von »bescheuert« verwenden. Sie werden kaum glauben können, daß es sich bei diesem Vorgang um das offizielle Prozedere handelte, mit dem der wichtigste Posten der Welt besetzt wird. Ebensowenig werden sie glauben können, daß es dabei eine Phase gab, in der Lokalpolitiker irgendwo in Florida dasaßen, Zettel anstarrten und zu raten versuchten, was sich die Wähler, um Himmels willen, gedacht hatten, als sie in den Wahlkabinen taten, was sie taten.

DEMOKRATISCHER WAHLHELFER *(einen Stimmzettel gegen das Licht haltend)*: Hier scheint eine Art Einkerbung zu sein. Siehst du? Hier, genau neben Gores Namen!

REPUBLIKANISCHER WAHLHELFER *(die Augen zusammenkneifend)*: Eine Einkerbung? Ich würde eher sagen, das ist ein Dreckfleck.

DEMOKRATISCHER WAHLHELFER: Okay, aber dieser Dreckfleck könnte absichtlich gemacht worden sein, und er befindet sich definitiv genau neben Gore. Ich glaube, es ist ein Gore-Fleck.

REPUBLIKANISCHER WAHLHELFER: Ich weiß nicht ... So weit würde ich, glaube ich, nicht gehen ... Warte mal! Der bewegt sich ja!

DEMOKRATISCHER WAHLHELFER *(schiebt das Gesicht näher an den Stimmzettel)*: Mein Gott, das stimmt! Das ist ... das ist ... eine Art Käfer!

REPUBLIKANISCHER WAHLHELFER: Er krabbelt auf Bush zu! Es ist ein Bush-Käfer!

DEMOKRATISCHER WAHLHELFER: Moment mal! Er krabbelt weiter ... zu Buchanan!

(Die beiden Wahlhelfer tauschen einen bedeutungsvollen Blick. Dann schauen sie sich um, ob jemand sie beobachtet. Der Demokrat wischt den Käfer vom Stimmzettel, der Republikaner tritt ihn tot.)

DEMOKRATISCHER WAHLHELFER: Eine Stimme für Gore ...

REPUBLIKANISCHER WAHLHELFER: ... und eine für Bush.

(Beide nicken, greifen zum nächsten Stimmzettel.)

DEMOKRATISCHER WAHLHELFER: Also dieser hier ... Wenn man den in einem bestimmten Winkel gegen das Licht hält ... Also, ich erkenne da definitiv einen Schatten. Siehst du? Genau neben Gore!

REPUBLIKANISCHER WAHLHELFER: Den Schatten machst du doch selbst, mit deinem Finger!

DEMOKRATISCHER WAHLHELFER: Ja, schon, aber ich mache diesen Schatten absichtlich.

Und so weiter. Daß die Auszählung der Stimmzettel in Gedankenleserei ausartete, war nur Teil dieser bizarren Wahl. Während die Wahlhelfer versuchten, stimmrelevante Unterschiede zwischen Teilperforationen, Schuppen, Klebeflecken von Haftprothesen, Ejakulationsspritzern etc. zu identifizieren, füllten sich die Straßen mit wütenden Demonstranten, die das Wahlergebnis zu kippen versuchten, indem sie hirnlose Slogans schrien, bis ihre Hemden und T-Shirts vor Speichel nur so trieften.

Es versteht sich von selbst, daß zu diesen Demonstranten der Reverend Jesse »Love Child« Jackson und der Reverend Al Sharpton gehörten, beides Männer, die Gottes gerechten Zorn in sich aufsteigen fühlen, wann immer wo immer was immer passiert. Wenn ein Meteoritenschwarm über der Innenstadt von Cleveland niederginge, würden Jesse und Al innerhalb weniger Stunden dort sein und verkünden, daß a) ein unverhältnismäßig hoher Anteil von Meteoritenpartikeln über Minderheiten niedergegangen und daß b) das bestimmt wieder mal Absicht gewesen sei.

Das verrückteste im Sumpf der Wahl von Florida war aber, daß viele der Demonstranten Republikaner waren. Ja, wirklich! Die gebeutelte, vernachlässigte Basis der Grand Old Party! Sie gingen in ihrer legeren Freizeitkleidung auf die Straße, schwenkten Schilder und schrien traditionelle Republikaner-Schlachtrufe, wie:

Gebt uns, was wir wollen!
Dann bring'n wir den Dow Jones ins Rollen!
Und:
Was wollen wir?
GERECHTIGKEIT!
Wann woll'n wir sie?
VOR UNSERER TEEPAUSE UM 15.25!

Es ging zu wie im Zoo, und das politische System der Vereinigten Staaten wurde vor den Augen der Weltöffentlichkeit zur größten Lachnummer. Man lachte über uns nicht nur in Ländern, die immer schon etwas gegen Amerika hatten, also z.B. Frankreich, sondern auch in primitiven Dritte-Welt-Ländern, die denjenigen zu ihrem Anführer wählen, der das dickste Schwein stemmen kann.[49]

Die Frage ist: Wie sind wir in diesen Schlamassel hineingeraten? Und was kann man dagegen tun?

Als erstes – und dafür plädiere ich bereits seit Jahren – sollten wir ein paar mittelgroße Marschflugkörper Richtung Frankreich in Bewegung setzen. Aber das hätte lediglich zur Folge, daß wir uns ein bißchen besser fühlten.

---

[49] Was im übrigen genauso sinnvoll ist wie das Vorgehen unserer Wahlmänner.

Damit würden wir die Ursachen für das Wahldebakel des Jahres 2000 nicht beheben. Dazu müssen wir einige sehr ernste, praktische Maßnahmen ergreifen. Die erste ist:

1. Der Ausschluß Floridas – oder wenigstens Südfloridas – aus den Vereinigten Staaten

Ich sage das nicht leicht dahin. Schließlich wohne ich ja in Südflorida, und wenn man uns aus den Vereinigten Staaten ausschließt, käme ich nicht mehr in den Genuß der Vorzüge, die einem amerikanischen Staatsbürger tagtäglich das Leben versüßen, wie etwa ... Doch, ja, jetzt ist mir einer eingefallen: Wenn ich im Supermarkt Lebensmittel einkaufe, kann ich mir sicher sein, daß draufsteht, wieviel Riboflavin sie enthalten. Das ist eine Vorschrift der US-Regierung, und zwar aus gutem Grund, nämlich: Ich habe keine Ahnung. Ich weiß noch nicht mal, was Riboflavin ist. Allerdings esse ich eine ganze Menge davon. Zum Beispiel fange ich gern den Tag mit einem herzhaften Kellog's Erdbeer-Pop-Tart an, und das enthält, laut Packungsaufschrift, 10% Riboflavin. Vermutlich bedeutet das, zehn Prozent des Pop-Tarts sind aus Riboflavin. Vielleicht ist es das rote Zeugs in der Mitte. Jedenfalls hoffe ich, daß Riboflavin etwas Gutes ist, denn wenn es etwas Schlechtes ist, zum Beispiel das lateinische Wort für »Kakerlakeneiter«, dann habe ich ein Problem.

Was ich damit sagen will, ist: All diese hilfreichen Informationen würde ich nicht bekommen, wenn ich in irgendeinem gesetzlosen fremden Land lebte, das keine strengen Gesetze zur Lebensmittelkontrolle kennt oder beispielsweise zuläßt, daß Trockenpflaumen einfach als »Trockenpflaumen« bezeichnet werden. Und das ist nur einer der Vorzüge, wenn man in den USA lebt. Es gibt noch viele andere, aber damit werde ich mich jetzt nicht befassen, weil ich jetzt schon fast vergessen habe, bei welchem Thema ich gerade bin, und das ist: Wenn wir eine so verrückte Präsidentenwahl wie die des Jahres 2000 künftig verhindern wollen, sollten wir Südflorida aus den Vereinigten Staaten ausschließen.

Solange Südflorida Teil der Vereinigten Staaten ist, werden immer wieder verrückte Dinge passieren. Südflorida ist nämlich ein Atomreaktor des Verrückten. Es fängt schon damit an, daß es ein Sumpfgebiet ist. Die gesamte Südspitze des Staates ragt gerade mal so weit über den Meeresspiegel wie Dustin Hoffman. Ihre Einwohner leben dicht gedrängt rechts und links an den Küstenstreifen, und in der Mitte befinden sich die Everglades, ein ausgedehntes Gebiet voller Schlamm und Modder, das von einem kleinen, dem Glücksspiel verfallenen Stamm Eingeborener bewohnt wird, außerdem von mindestens 300 Milliarden Moskitos, deren Flügel oft die Spannweite eines ausgewachsenen Fischadlers haben.

Wer sich also in Südflorida niederläßt, sollte sich darüber klar sein, daß er sich in einen dampfenden urzeitlichen Hexenkessel begibt, der von Sumpf- und Meeresbewohnern dominiert wird, die niemand darüber informiert hat, daß dieses Gebiet jetzt auch von Menschen bewohnt werden soll.

Das erste, was mir auffiel, als ich 1986 in die Umgebung von Miami zog, waren die Krebse auf meinem Rasen. Aus Pennsylvania, wo ich vorher gewohnt hatte, war ich mit Rasenschädlingen durchaus vertraut, aber als ich in Miami morgens vor die Tür trat, um die Zeitung reinzuholen, stand ich echten Krebsen gegenüber, Dutzenden, die hin- und herkrebsten. Und zwar in feindlicher Absicht. Es war gerade Paarungszeit für Krebse, und männliche Krebse wachen eifersüchtigst über die Weibchen. Ich schlief noch fast, stolperte, und plötzlich stellte sich mir ein wütender männlicher Krebs in den Weg, schnappte mit seinen Scheren nach meinen Zehen und wollte mich daran hindern, sein Weibchen sexuell zu belästigen.

»Ich will doch gar nichts von deinem Weibchen!« schrie ich und machte einen Satz rückwärts. »Dein Weibchen ist doch bloß ein Krebs!« Aber das machte ihn nur noch wütender, denn tief in seinem Herzen[50] wußte er, daß ich recht hatte.

---

[50] Oder in seinen Herzen – keine Ahnung, wie Krebse gebaut sind.

In meiner Nachbarschaft befand sich außerdem das Welthauptquartier der Internationalen Vereinigung der Großen Behaarten Spinnen. Sie sahen aus wie bösartige Mutationen von Yorkshire Terriern, denen zusätzliche Beine und Augäpfel gewachsen waren. Sie waren überall, in jedem Baum, in jedem Strauch, und spannen trampolingroße Netze, die den Angriff jeden Spielers der *National Football League* gestoppt hätten. Selbstverständlich ist Südflorida auch die Heimat hochaktiver Zecken und Mücken, psychotischer Feuerfliegen und jener furchteinflößenden Riesenheuschrecken, die man ohne weiteres als die schlimmsten Monster in *Jurassic Park III* einsetzen könnte.

Was die Amphibien- und Reptilienfront betrifft, so wartet Südflorida mit üppigen Populationen großer, scheußlicher, tödlich giftiger Kröten auf. Sie fühlen sich so sicher, daß sie in aller Seelenruhe auf die Terrasse kriechen, dort stundenlang hocken und einen so unverschämt ansehen, als erwarteten sie, daß man sie mit Cheeseburgern füttert. Dann gibt es überall Eidechsen, in den Häusern und draußen. Sie flitzen herum und geben sich ausgelassenem Eidechsen-Sex hin. Wie oft bin ich morgens aufgewacht, und über mir hing eine Eidechse an ihren Saugfüßen von der Decke und sah mich mit einem Gesichtsausdruck an, der so viel hieß, wie: »Ätschi-bätsch! Vielleicht habe ich dir beim Schnarchen in den Mund gepupst!«

Alligatoren sind mir nur wenige und eher kleine über den Weg gelaufen, aber es gibt viele in Florida; ihr Bestand wird gegenwärtig auf über eine Million geschätzt.[51] Immer wieder steht in der Zeitung, daß ein Alligator einen Hund angefallen hat – und gelegentlich auch das Herrchen. Für jemanden, der in Florida in einem netten Vorort wohnt, ist es nichts Ungewöhnliches, wenn er auf die Terrasse tritt und einen Alligator im Swimmingpool entdeckt.

Oder eine größere Schlange. Die Leute finden hier re-

---

[51] Ich glaube, sie haben einen eigenen Kongreßabgeordneten.

gelmäßig Würgeschlangen in ihren Pools oder auf ihren Terrassen. Dabei handelt es sich allerdings – ob Sie das glauben oder nicht – um entwichene Haustiere. Ganz richtig: Als gäbe es nicht schon genug Schlangen in der Gegend, können es sich viele Einwohner[52] nicht verkneifen – teils legal, teils illegal[53] – riesige fleischfressende Schlangen[54] zu importieren, die ständig aus ihren Käfigen entweichen. Ihre Besitzer sind in tiefer Sorge, was wohl passiert ... mit den Schlangen, versteht sich.

»Sie heißt Püppi«, vertrauen sie den Reportern an und meinen damit eine Acht-Meter-Python, die einen ganzen Wasserbüffel verschlucken könnte. »Sie hat seit Tagen nichts gefressen, und sie muß schreckliche Angst haben!«

Manchmal werden diese entwichenen Schlangen gefunden, um einen Baum, einen Laternenpfahl oder einen langsamen Fußgänger gewickelt. Aber viele bleiben verschwunden, und das bedeutet, daß sie irgendwo da draußen herumlungern und -schlängeln und sich von

---

[52] Ich will keine Namen nennen, aber mein guter Freund Carl Hiaasen, der legendäre Kolumnist und Schriftsteller aus Südflorida, hält sich Schlangen als Haustiere. Er füttert sie mit Ratten, die er im Zoogeschäft kauft. (Ratten sind hier eine gängige Handelsware.) »Ich muß unterwegs noch ein paar Ratten besorgen«, hört man Carl gerne sagen, wenn man mit ihm im Wagen irgendwohin fährt.

[53] Reptilienschmuggel ist hier Big Busineß. 1999 wurde ein Mann nach dem Rückflug von Barbados am Flughafen von Miami festgenommen, als die Beamten in seiner Hose verdächtige Bewegungen und Ausbuchtungen bemerkten; es stellte sich heraus, daß er dort fünfundfünfzig Schildkröten versteckt hielt. Im *Miami Herald* stand nicht, ob er ein Suspensorium trug; hoffen wir für ihn, daß das der Fall war.

[54] Wahre Geschichte aus dem *Miami Herald*: Ein Feuerwehrmann aus Hollywood, Florida, durchsuchte ein brennendes Haus und stieß auf eine dreieinhalb Meter lange *Boa constrictor*, die sich vor Schmerzen wand. Mutig packte er sie beim Kopf, und die Schlange wickelte sich kooperativ um seinen Körper. Schnell trug er sie ins Freie und übergab sie ihrem Besitzer. »Danke, Mann«, sagte der, »aber da drinnen sind noch zwei.«

Gottweißwas ernähren. Vielleicht von Pumas. Wenn Sie jetzt denken, das soll ein Witz sein: Erstaunlich viele Floridianer halten sich große, wilde, extrem non-vegetarische Raubkatzen als Haustiere. Vor einiger Zeit mußten die Behörden von Pompano Beach eine Verordnung erlassen, derzufolge Haustiere nur auf dem eigenen Grundstück sein dürfen. Kurz zuvor war, wie es im *Miami Herald* hieß, »ein Puma von zu Hause ausgerissen und hatte einen kleinen Jungen gejagt.«

Es ist also nicht ratsam, in Florida einfach so ein Privatgrundstück zu betreten. Ein Malermeister erzählte mir einmal, einer seiner Leute sei bei der Arbeit von einem extrem wütenden Strauß vom Hof gejagt worden.

»Es wurde im Radio übertragen«, sagte der Malermeister. »Mein Geselle war zu Tode erschrocken und schrie dauernd: ›DA IST EIN RIESIGES HUHN AUF DEM HOF!‹.«

Habe ich schon die Affen erwähnt? Als der Hurrikan Andrew im August 1992 Südflorida erreichte, flohen Hunderte von Affen und Pavianen aus Häusern und Forschungslabors im südlichen Dade County. Zwei Monate später berichtete der Staatliche Wildhüter, daß mehr als 450 Primaten (ganz zu schweigen von über zweitausend Reptilien) immer noch unterwegs sind. Dazu kommen noch fünfzig bis hundert Paviane.

Der Bericht warnte die Einwohner davor, sich den Primaten zu nähern; dummerweise hat niemand die Primaten davor gewarnt, sich den Menschen zu nähern. Kurz nach dem Hurrikan wartete ich in meinem Garten auf einen Handwerker, der später als verabredet mit einem Arbeiter in seinem Pickup bei mir eintraf. Beide wirkten verstört. Sie erzählten, sie seien von einem wildgewordenen Pavian aufgehalten worden, der auf die Ladefläche gesprungen war und so heftig gegen das Rückfenster getrommelt hatte, daß sie fürchteten, es werde bersten. Der Handwerker nahm die Sache in die Hand und befahl seinem Arbeiter auszusteigen und den Pavian zu verscheuchen. Der Arbeiter, der offenbar kein Idiot war, sagte: »Nix da! Das ist *dein* Wagen, *du* steigst aus!«

Also hatte die Vernunft gesiegt, und beide waren im Wagen geblieben und durch die Gegend gefahren, und der Pavian hatte weiter das Rückfenster bearbeitet. Schließlich war er abgesprungen, und die beiden Männer hatten Gas gegeben, während der Pavian kreischte und obszöne Primatenbewegungen machte.

Irgendwie konnten die Paviane einem auch leid tun. In dem Chaos, das nach dem Hurrikan herrschte, verbreitete sich das – später als unwahr erkannte – Gerücht, die entwichenen Affen und Paviane seien mit dem AIDS-Virus infiziert. Deshalb wurden viele von verängstigten Einwohnern Südfloridas erschossen. Die Einwohner von Südflorida besitzen genauso viele Waffen wie die nordkoreanische Armee, aber unsere haben größere Kaliber.

Oft werde ich gefragt: Warum haben die Leute da unten so viele Waffen? Die Antwort lautet: Halt's Maul, sonst schieße ich!

Nein, mal im Ernst: Die Leute in Südflorida brauchen aus vielen guten Gründen Waffen. Beim Autofahren, zum Beispiel, benutzen sie ihre Waffen, um den anderen Autofahrern wichtige Mitteilungen zu machen, wie etwa: »Würden Sie mir bitte Platz machen?« oder: »Ich habe eine Waffe!«

Wenn Sie denken, daß ich übertreibe, so beweist das nur, daß Sie nie in Südflorida gelebt haben. Seit ich hier wohne, habe ich zweimal erlebt, wie mitten auf der Straße eine Waffe benutzt wurde, und mindestens ein halbes Dutzend Autos mit Einschußlöchern auf der Fahrerseite gesehen. In anderen Landesteilen sagt man zu seinen Kindern, wenn man ihnen das Autofahren beibringt, Dinge wie: »An einer Straßenkreuzung gilt rechts vor links.« Hier in Südflorida bringen wir unseren Kindern bei: »Laß den Mann da vor. Er schwingt schon seine Glock.«

Ein weiterer Grund für den Waffenbesitz ist natürlich: Selbstverteidigung. Mein Lieblingsbeispiel dafür ist ein Fall aus Broward County, wo ein Anwalt, Franc Furci, seinen Dobermann Ginger Gassi führte, mitten im wohlhabenden Broward County, als ein anderer Hund auf die beiden zukam. Der andere Hund hieß Claude. Im Prozeß sagte Furci aus, Claude, ein ältlicher Hirtenhund, habe Ginger angegriffen. Die Frau, die Claude Gassi geführt hatte, eine gewisse Jan Bongers, widersprach dieser Version und sagte, Claude habe sich nur freundschaftlich an Ginger »herangemacht«.

In einer normalen Umgebung hätten die beiden Hunde das untereinander ausgemacht oder sich gegenseitig beschnüffelt, oder die Besitzer hätten sie weggezerrt. Oder vielleicht hätten sich auch die Besitzer gegenseitig beschnüffelt. Auf jeden Fall wäre in einer normalen Umgebung nicht passiert, was hier passierte: Mr. Furci, Anwalt und wohnhaft in einer wohlhabenden Gegend, erschoß Claude, den ältlichen Hirtenhund, mit einem .45er-Revolver. Er trug diesen Revolver bei sich, sagte er später, weil seine Kanzlei Drohanrufe im Zusammenhang mit einem aktuellen Fall erhalten habe. Es gab zwar keinen Hinweis darauf, daß ein Hirtenhund hinter diesen Drohanrufen steckte, aber man kann ja nicht vorsichtig genug sein.

Mr. Furci wurde wegen Tierquälerei und Gewalttätigkeit angeklagt. Aber das Beste kommt erst noch. (In Südflorida kommt das Beste immer erst noch.) Zufällig handelte es sich bei Mr. Furcis Sozius um den in Miami sehr bekannten Strafverteidiger Roy Black, der später erfolgreich die Verteidigung von William Kennedy Smith übernahm, als der wegen einer Vergewaltigung in Palm Beach angeklagt war, die er nach einer Zechtour mit seinem Vorbild Edward M. Kennedy begangen haben sollte.

Jedenfalls holte Mr. Black zu der wohl ausuferndsten Verteidigung aus, die ein erschossener Hirtenhund je ausgelöst hat. Ich zitiere aus dem Bericht des *Miami Herald*, verfaßt von Neely Tucker:

Luftaufnahmen vom Tatort wurden angefertigt. Eine Autopsie wurde angeordnet. Claude, der eingefroren worden war, wurde auf Raumtemperatur erwärmt. Kein geringerer als Dr. Ronald K. Wright, Browards führender Gerichtsmediziner, übernahm die Leichenschau. Claudes Halsschlagader, die von der Kugel zerfetzt worden war, wurde fotografiert. Röntgenaufnahmen wurden vorgelegt. Patronenpartikel wurden ballistisch untersucht.

Black reichte 43 Anträge ein, von denen 17 abgelehnt wurden. Am Ende verzichtete Furci darauf, das Urteil wegen Tierquälerei anzufechten, überwies 4.000 Dollar an Wohltätigkeitsvereine und erklärte sich zu 50 Stunden Gemeindearbeit bereit. Claude ist nicht umsonst gestorben. So weit bis heute bekannt ist, hat in Broward County seither kein Anwalt mehr einen alternden Hirtenhund erschossen.

Aber ich schweife ab.[55] Was ich sagen wollte, war, daß viele Menschen in Südflorida das Gefühl haben, sie bräuchten eine Waffe zur Selbstverteidigung. Aber es gibt hier unten auch fröhliche Anlässe zum Waffengebrauch. In manchen Stadtteilen von Miami ist es Tradition, bestimmte Feste – vor allem Silvester, aber auch den 4. Juli, Halloween und manchmal nur den Sonnenuntergang – zu feiern, indem man sich betrinkt, auf die Straße geht und in die Luft ballert. Am Silvesterabend erinnert die Geräuschkulisse in manchen Teilen von Miami an die eines Kriegsgebietes, nur daß es in Miami lauter ist. Dummerweise gibt es das Gesetz der Schwerkraft – übrigens das einzige, das in Miami am Silvesterabend Beachtung findet –, und deswegen kommen viele in die Luft geschossene Kugeln wieder runter. Aus diesem Grund trauen sich Polizei und Feuerwehr erst wieder in die betroffenen Stadtteile, wenn sich der Bleiregen gelegt hat.

Wir benutzen unsere Waffen jedoch nicht nur zu freudigen Anlässen. 1997 brach einmal in Little Havana eine Schießerei mit halbautomatischen Waffen in einem Beerdigungsinstitut aus, und zwar während der Trauerfeier.

Inzwischen fragen Sie sich bestimmt: Benutzt man in Südflorida Waffen auch zur Verbrechensbekämpfung? Aber klar doch! Ich bin mir da ganz sicher, weil ich von folgender wahren Begebenheit durch eine Freundin erfuhr, Penny Gardner, die früher einmal eine Service-Agentur für VIPs betrieb. Vor einigen Jahren fuhr sie zum *Miami International Airport*, um dort Cleveland Amory, den

---

55 Wenn Sie kein Freund von Abschweifungen sind, sollten Sie dieses Kapitel überblättern.

berühmten Autor, abzuholen, der nach Florida gekommen war, um sein neues Buch vorzustellen.

Penny hatte einen großen Wagen für ihn gemietet. Sie ließ ihn auf dem Beifahrersitz Platz nehmen und hatte gerade die Fahrertür geöffnet, als ein Mann angerannt kam, ihr die Handtasche wegriß und in einen Fluchtwagen sprang. Der Wagen fuhr los, und Penny rannte hinterher.

So weit ist es eine ganz normale Geschichte, die in jeder größeren Stadt passieren könnte. Aber was dann geschah, gibt es, glaube ich, nur in Miami: Der Fahrer eines anderen Wagens hatte das Verbrechen beobachtet, er hielt mitten auf der Straße an, sprang aus dem Wagen, zog eine Waffe und fing an, auf den Fluchtwagen zu schießen. Er schoß vier oder fünf Mal, offenbar immer daneben. Dann stieg er, ohne ein Wort mit Penny zu wechseln, wieder in seinen Wagen und fuhr weiter. Der Gute Samariter von Miami.

Penny war tief erschüttert und rannte zum Büro der Firma zurück, von der sie den Wagen für Amory geliehen hatte. Dort hatten die Angestellten nach dem für Südflorida so typischen, herzerwärmenden Motto »Alle für einen« bereits die Tür verschlossen und gestikulierten nun durch die Glasscheibe, daß sich dieser Vorfall nicht auf ihrem Firmengelände ereignet hätte. Cleveland Amory lag immer noch quer auf den Autositzen und fragte sich besorgt, ob die Leute in dieser Gegend wohl viele Bücher kaufen. Da kann ich nur sagen: Willkommen in Miami, Sir! Können wir etwas für Ihr Wohlbefinden tun? Eine kugelsichere Weste vielleicht? Oder eine neue Unterhose?

Wenn man hier wohnt, gewöhnt man sich früher oder später daran, daß Kriminalität einfach dazugehört, so wie Palmen oder Rentner oder alte Damen, die es normal finden, daß ihre Haare so knallrot sind wie ein Feuerwehrauto.

Als ich eines Tages eine Filiale von Burger King auf dem Biscayne Boulevard in der Innenstadt von Miami betreten wollte, kam ein Mann mit einer Waffe herausgerannt, schlug einen Fußgänger nieder, sprang in einen Wagen und brauste in Schlangenlinien vom Parkplatz.

Um ein Haar hätte er mich und noch ein paar andere Leute umgenietet. Ich erinnerte mich an das, was ich als Pfadfinder gelernt hatte, merkte mir das Nummernschild und rannte in das Lokal. Ich erwartete, lauter schockierte und verängstigte Menschen vorzufinden. Stattdessen kauten die Gäste ganz gelassen auf ihren Whoppern herum. Ich wandte mich an einen Mitarbeiter hinter der Theke, der mir sagte, ja, ja, es habe gerade einen Überfall gegeben, aber der sei schon gemeldet worden. Meinen Hinweis auf das Nummernschild ignorierte er. Tum-di-dum, das war doch bloß der soundsovielte bewaffnete Raubüberfall!

Als ich nach Miami zog, in ein ziemlich vornehmes Viertel übrigens, gehörte das große Haus an der Ecke ein paar Drogendealern. Jedenfalls erzählten das die Nachbarn, und ich glaubte ihnen, denn die Leute, die in dem Eckhaus wohnten, schienen den lieben langen Tag nichts anderes zu tun, als ihre Autos zu waschen, und außerdem zog ein endloser Strom finsterer Gestalten zu allen Tages- und Nachtzeiten durch das Haus.

Im Viertel galt dieses Haus und was sich dort abspielte als ... nun ja ... durchaus bemerkenswert, aber nicht weiter aufregend. Es war einfach nur das Haus an der Ecke, eine Adresse wie alle anderen auch – das Haus der Liebermans, das Haus der Williams', das Haus der Drogendealer etc. Wenn mein Sohn fragte, ob er draußen Fahrrad fahren dürfe, sagte ich als verantwortungsbewußter Vater: »Okay, aber nicht weiter als bis zum Haus der Drogendealer!«

Eines Abends trank ich ein Bier an der Bar eines kleinen Restaurants am Miami Beach, und ein Mann erkannte mich von meinem Foto in der Zeitung. Ich gebe unser Gespräch ganz unverfälscht wieder:

MANN: Du Mann, der in Zeitung schreiben?
ICH: Ja.
MANN: Du über Colombia schreiben? Viel lustig da! Du schon Reise in Colombia?
ICH: Nein.

MANN: Ha! Ich aus Colombia. Sage dir ganz ehrlich: Ich Drogenhändler.

Ich schwöre: Genau das hat er gesagt. Zwei Meter von uns entfernt saßen zwei Polizisten und aßen etwas, und er sagte: »Ich Drogenhändler.« Genauso freundlich und offen wie jemand, der erzählt, daß er Häusermakler ist. Fast wunderte ich mich, daß er mir nicht seine Visitenkarte überreichte.

Drogenhandel ist hier definitiv ein wichtiger Wirtschaftszweig. Unsere Gesetzeshüter fangen immer wieder Schiffsladungen voll Heroin und Kokain ab. Die Berichte darüber sind schon so zur Routine geworden, daß sie selten auf die Titelseiten kommen. Immer wieder finden auch Strandspaziergänger Pakete mit Marihuana oder Kokain – manchmal im Werte von Millionen. Sie werden ans Ufer gespült, weil Schmuggler sie in Panik vor der nahenden Küstenwache über Bord geworfen haben. Wahrscheinlich wird nicht mal jeder Fund dieser Art der Polizei gemeldet. (»Liebling, wo stecken eigentlich die Kinder?« – »Sie sind wieder am Strand.« – »Aber es regnet doch!« – »Ich weiß, aber irgendwas zieht sie da immer magisch hin.«)[56]

Hier in Südflorida tauchen Drogen an den unwahrscheinlichsten Orten auf. 1999 wurden ein gutes Dutzend Mitarbeiter des *Miami International Airport*[57] angeklagt, weil sie Handfeuerwaffen, Handgranaten und Drogen in Passagierflugzeugen geschmuggelt hatten. Eins der Ver-

---

[56] Nicht alles, was am Strand angeschwemmt wird, ist lustig. 1995 fanden Spaziergänger an vier verschiedenen Orten, über gut fünf Kilometer verteilt, ein Becken, ein rechtes Bein, einen Oberarm, eine Schulter, ein Schlüsselbein, einen Unterkiefer und eine Wirbelsäule, die von der Polizei später als Teile eines gewissen Aniello Napolitano III. identifiziert wurden. Der *Miami Herald* gab seinen Beruf als »Leibwächter« an.

[57] Ich werde mich an dieser Stelle nicht näher mit diesem Flughafen befassen. Nur soviel: Wenn Sie einmal dort waren, können Sie sich eine Reise in die Dritte Welt sparen.

stecke war in den Kaffeefiltern der Bordküche. Das kam raus, als – und ich schwöre, daß ich mir das nicht ausdenke – einem Piloten versehentlich Kaffee serviert wurde, der mit Heroin durchtränkt war. Glücklicherweise merkte der Pilot schnell, daß etwas nicht stimmte, und er ließ den Kaffee stehen; wer weiß, was für ein Flug das sonst geworden wäre. (»Hier spricht Ihr Kapitän. Woll'n wir doch mal seh'n, ob dieses Baby einen anständigen Looping hinlegen kann!«)

Aber es gibt noch ein besseres Beispiel für überraschende Drogenfunde in Südflorida. Der erste Preis geht meiner Meinung nach an einen fast außerirdischen Juliabend des Jahres 1992, als eine Bürgerwehr ihr erstes Treffen auf der Terrasse eines hübschen Hauses in einem Vorort von Homestead abhielt.

Der Polizeichef von Homestead, ein Mann namens Curt Ivy, hielt eine kleine Ansprache und erklärte den Versammelten, wonach sie Ausschau halten sollten und woran sie erkennen konnten, daß möglicherweise etwas Kriminelles im Gange sei. Chief Ivy sagte, das Wohngebiet, in dem man sich versammelt habe, sei unauffällig, ruhig, und kaum etwas Illegales gehe dort vor. Allerdings konnte sich Ivy kaum verständlich machen, weil ein tieffliegendes Flugzeug seine Stimme übertönte.

»Also schaute ich nach oben«, erzählte Ivy mir später, »und dieses Flugzeug kam im Tiefflug auf uns zu. In extremem Tiefflug. Und dann sah ich ein Paket runtersegeln.«

Das Paket war, wie Sie sicher schon erraten haben, Claude, der tiefgefrorene Hirtenhund.

Nein, natürlich nicht. Es waren 70 Pfund Kokain. Ja, ganz recht: Ein Paket mit 70 Pfund Heroin fiel vom Himmel, mitten in die Versammlung einer Bürgerwehr. Es war Teil einer Ladung von etwa zwanzig solchen Paketen mit einem Gesamtgewicht von über einer halben Tonne, die in Panik aus einer zweimotorigen Maschine geworfen wurde, als ein Jet der US-Zollfahndung Kurs auf das Flugzeug nahm. Ein anderes Paket verpaßte knapp eine Kirche und krachte auf einen parkenden Wagen. Wie erklärt man so etwas seiner Versicherung! (»Waren bei diesem Vorfall Drogen im Spiel?« – »Nun ja, ...«)

Es war nicht das erste Mal, daß in Südflorida Drogen vom Himmel fielen. 1981 schlief ein Mann in seinem Wohnmobil in Broward County auf dem Sofa. Er stand kurz auf, um auf die Toilette zu gehen. Das war sein Glück, denn gleich darauf schlug ein Paket mit 100 Pfund Marihuana durchs Wagendach und landete auf dem Sofa.

»Wenn ich da noch gelegen hätte«, sagte der Mann später, »wäre ich jetzt tot.«

In Südflorida reicht es also nicht aus, »einfach nur nein zu sagen«, wenn einem Drogen angeboten werden. Man braucht auch einen Bunker.

Habe ich eigentlich schon gesagt, daß hier viel mit Drogen gedealt wird? Sicher fragen Sie sich, was die Behörden dagegen unternehmen. Nun, hier ist z.B. eine Sache: Wir haben eine Straße nach einem großen Dealer benannt. Ganz im Ernst. Mitarbeiter der Regierungsbehörden von Dade County, die Straßen normalerweise nach sich selbst, ihren Freunden, ihren Hunden etc. benennen, haben einen Abschnitt der 132nd Avenue in »Leomar Parkway« umbenannt, zu Ehren von Leonel Martinez, der in Windeseile vom kleinen, schuldengebeutelten Kleiderhändler zum wohlhabenden Stadtplaner aufstieg. Im Zuge der Umbenennung würdigten die Offiziellen von Dade County Martinez' »phantastische Verdienste«.

Einige Monate später gab die Polizei bekannt, daß der Schlüssel zu Mr. Martinez' Verdiensten in ... nun ja ... umfangreichen Drogengeschäften lag. Sie können sich vorstellen, wie schockiert alle waren. Vollkommen schockiert. Die Behörden reagierten schnell und entschlossen: Sie machten die Umbenennung rückgängig und nannten die Straße wieder 132nd Avenue. Diese mutige Tat wurde von dem damaligen Mitglied der Bezirksregierung Larry Hawkins ausgelöst, der sich zu einem meiner Lieblingsstatements über Südflorida aufschwang und über den Leomar Parkway sagte: »Ich glaube, das ist die falsche Botschaft, nicht nur an die Jugend, sondern auch an die Drogendealer.«

Und da hat er verdammt recht! Möge dies eine fürchterliche Warnung an alle sein, die glauben, sie kämen ungestraft davon, wenn sie in Südflorida mit Drogen dealen: Wenn ihr euch erwischen laßt, nennen wir keine Straße nach euch!

Manchmal werden aber *noch* härtere Maßnahmen gegen Drogendealer ergriffen. Es kommt nämlich vor, daß einige verhaftet und vor Gericht gestellt werden. Da sich diese Gerichte jedoch in Südflorida befinden, gehen die Prozesse nicht immer so aus, wie die Anhänger von Recht und Ordnung sich das wünschen. Ein gutes Beispiel dafür ist der legendäre Fall von Augusto »Willie« Falcon und Salvador »Sal« Magluta, oder, wie wir in Miami liebevoll sagen: Willie und Sal.

Willie und Sal besaßen etliche Schnellboote, die vor der Küste hin- und herdonnerten, und sie wurden beschuldigt, 75 Tonnen Kokain im Werte von 2,1 Milliarden Dollar ins Land geschmuggelt zu haben. Ja, Sie haben richtig gelesen: fünfundsiebzig Tonnen Kokain. Ich will Ihnen eine Vorstellung davon geben, wieviel das ist: Ein Team der *National Basketball Association* käme fast eine Woche lang damit aus.

Nein, Scherz beiseite: das ist eine Menge Kokain. Die Ankläger dachten, sie hätten einen wasserdichten Fall, obwohl einige Zeugen in dem Prozeß nicht aussagen konnten, weil jemand – und ich möchte hier nicht den Eindruck erwecken, als sei das nicht purer Zufall gewesen – sie ermordet hatte.

Der Prozeß fand in Miami statt, und Willie und Sal wurden von teuren Anwälten mit großen Namen vertreten. Die Verteidigung räumte ein, daß Willie und Sal vielleicht irgendwann einmal ein bißchen gedealt hätten, aber das sei vor vielen Jahren gewesen, und sie hätten sich längst aus dem Geschäft zurückgezogen. Die Ankläger hielten dem entgegen, daß Willie und Sal immer noch auf sehr großem Fuße lebten, Haus- und Grundbesitz im Werte mehrerer Millionen Dollar hätten, nach wie vor die

Speedbootflotte unterhielten und daß sie diesen Lebens-
stil wohl nicht mit Gartenarbeit finanzierten.

Einer der Verteidiger war selbstverständlich Roy Black,
der sich mit Claude, dem Killer-Hirtenhund, einen Namen gemacht hatte. In seinem Schlußplädoyer berief sich
Black – und eine so stilvolle Verteidigung kann man sich
für ein paar Millionen Dollar nun einmal kaufen – nicht
nur auf Robert F. Kennedy *und* Martin Luther King Jr.,
sondern zitierte auch den englischen Staatsmann Edmund
Burke aus dem 18. Jahrhundert: »Das Böse kann nur tri-
umphieren, wenn rechtschaffene Leute tatenlos zuschau-
en.« (Um der Wahrheit die Ehre zu geben: Die meisten
Historiker gehen davon aus, daß Burke nicht an Willie
und Sal dachte, als er das sagte.)

Trotzdem war man sich einig: Die Anklage hatte Willie
und Sal überführt, unter anderem durch die Aussagen
mehrerer Dutzend Zeugen. Um so erstaunter waren alle,
als die Geschworenen nach eingehender Beratung die An-
geklagten in allen Punkten frei sprachen.

Die Anklage war vollkommen perplex. Bundesstaats-
anwalt Kendall Coffey drückte es so aus: »Wahrlich ein
schwarzer Tag für uns alle.«

Und das war kein Spruch. Coffey war wirklich depri-
miert. So tat er, was viele tun, wenn sie eine Aufmunte-
rung brauchen: Er ging in eine Bar namens »Lipstick«,
kaufte eine Flasche Dom Perignon für 900 Dollar und biß
einer Oben-ohne-Tänzerin in den Arm. Richtig: Der rang-
höchste Staatsanwalt von Südflorida biß einer Stripperin
in den Arm. Sie war vorher Kassiererin in einer Bank gewesen und trat unter dem Namen »Tiffany« auf, obwohl
sie in Wirklichkeit »Tammy« hieß. (Ich weiß, Sie glauben
mir nicht, aber ich versichere Ihnen, daß meine Phantasie
nicht ausreicht, um mir so etwas Gutes auszudenken.)

Als sich die Sache herumsprach, reichte Coffey seine
Kündigung ein (wobei man ihm hoch anrechnen muß,
daß er nicht Edmund Burke zitierte). Aber damit war die
Geschichte natürlich noch längst nicht zu Ende (ich sagte
ja schon, daß Geschichten, die in Südflorida spielen, *nie*
zu Ende gehen). Coffey machte sich selbständig und ge-

hörte schließlich zu dem Anwälteteam, das die Verwandten von Elián Gonzalez vertrat, des kleinen Jungen, der eine Zeitlang das Tau im fortwährenden Tauziehen zwischen den USA und Kuba spielen mußte (mehr davon später). Als dieser Fall verloren war, wurde Coffey Mitglied des Anwälteteams, das sich in der Schlacht um die Neuauszählung der Wählerstimmen in Florida für Al Gore stark machte, was (wie Sie sich vielleicht erinnern, obwohl ich das zu bezweifeln wage), das eigentliche Thema dieses Kapitels ist.

Aber zurück zu Willie und Sal: Alle Welt war, wie gesagt, vollkommen perplex, als die Geschworenen die beiden in allen Anklagepunkten freisprachen. Wollen wir doch mal sehen, ob Sie selbst draufkommen, wie die Geschichte weiterging!

Wenn Sie sagen: »Der Sprecher der Geschworenen wurde verurteilt, weil er fast eine halbe Million Dollar als Bestechungsgeld für Willies und Sals Freispruch angenommen hatte«, dann haben Sie Südflorida begriffen. (Sie haben es sicher schon vermutet: Der Sprecher der Geschworenen arbeitete auf dem *Miami International Airport*.)

Die Anklage vermutete, daß dieses Bestechungsgeld und die 25 Millionen Dollar Verteidigungskosten aus dem Verkaufserlös von – machen Sie sich auf eine Überraschung gefaßt! – illegalen Drogen stammten. Also wurde nach einiger Zeit gegen Willie, Sal und etliche Mitglieder ihres Firmenimperiums Anklage wegen Korruption und Geldwäsche erhoben. (Einer der Männer hatte ein Jahreseinkommen von 43.000 Dollar als Kühlgerätemechaniker bei der Schulbehörde von Dade County; offenbar war er sehr sparsam, denn die Polizei fand 6 Millionen Dollar in bar auf seinem Dachboden.)

Sie können sich vorstellen, wie indigniert die Verteidigung reagierte, als man ihr vorwarf, sie hätte ahnen müssen, daß ihre millionenschweren Honorare aus Drogengeldern stammten, zumal ein Großteil davon in bar ausgezahlt wurde, und zwar von nachweislichen Drogendealern. Sie verwahrte sich schärfstens gegen die Versuche der Behörden, die Quellen ihrer Honorare zu ermitteln. (»Das sind faschistische Methoden«, sagte Roy Black.)

Der Fortgang des Prozesses gewährte faszinierende Einblicke in das Finanzgebaren der großen Strafverteidiger von Südflorida. Frank Rubino[58], der einen Mitangeklagten von Willie und Sal vertrat, sagte aus, er habe acht Zahlungen von je 50.000 Dollar in bar von einem Mann entgegengenommen, den er als »Glatze« kannte. Rubino sagte, er sehe darin kein Problem, denn sein Klient habe ihm versichert, »daß das Geld aus legalen Geschäften stammte«.

Leuchtet doch ein, oder? Wenn mir jemand, den ich nur als »Glatze« kenne, regelmäßig 50.000 Dollar überreichte, wäre meine erste und vollkommen natürliche Reaktion: »Also, dieses Geld stammt bestimmt aus legalen Geschäften.«

Der Strafverteidiger Ed Shohat, der einen Mitangeklagten von Willie und Sal vertrat, sagte aus, eines Tages sei ein ihm unbekannter Mann in seine Kanzlei gekommen, habe einen Aktenkoffer mit 150.000 Dollar in bar auf den Fußboden gestellt und sei rausgerannt.

Würde Ihnen das verdächtig vorkommen? Mir nicht. Es vergeht kaum ein Tag, an dem nicht ein Fremder einen Aktenkoffer mit einer immensen Summe Bargeld in meinem Büro abstellt und schnell rausrennt. Dabei denke ich mir gar nichts. Shohat hingegen war so besorgt über die Herkunft dieses Geldes, daß er sich bei seinem Klienten vergewisserte, ob es legal erworben sei. Shohat sagte aus, sein Klient habe ihm »in etlichen Gesprächen versichert,

---

[58] Rubino verteidigte auch den früheren panamesischen Diktator Manuel Noriega, dem in Miami wegen Drogenhandels und anderer illegaler Geschäfte der Prozeß gemacht wurde. Ich kann mir nicht verkneifen, an dieser Stelle anzumerken, daß während dieses Prozesses Noriegas Frau, Felicidad, in einem teuren Warenhaus in Dade County wegen Ladendiebstahls verhaftet und angeklagt wurde. Sie – die frühere First Lady von Panama – hatte Knöpfe von Damenjacken abgeschnitten.

daß das Geld ein Darlehen von Leuten sei, die mit Sal Magluta und Willie Falcon nichts zu tun hatten.« Damit war diese Sache glücklicherweise geklärt!

Ich könnte noch seitenweise über den Prozeß gegen Willie und Sal weiterschreiben, der übrigens noch andauert. Vielleicht liefert er eines Tages, wenn alles vorbei ist, den Stoff für eine große Komödie – mit Jim Carrey in der Doppelrolle als Willie und Sal, Jennifer Lopez als die Oben-ohne-Tänzerin, der in den Arm gebissen wird, und Keanu Reeves als Claude, dem Hirtenhund.

Aber ich möchte auf etwas anderes zu sprechen kommen, damit Sie nicht den Eindruck gewinnen, Südflorida sei eine Ansammlung von Kriminellen, die ihre Finger ausschließlich im Drogengeschäft haben. Denn das stimmt nicht! Einige haben ihre Finger auch in der Regierung.

Ich sage nicht, daß alle Politiker in Südflorida korrupt sind. Manche sind einfach nur verrückt. Die Spitznamen für den amtierenden und den letzten Bürgermeister von Miami zum Beispiel sind »Crazy Joe« und »Mayor Loco«.

»Crazy Joe«, der amtierende Bürgermeister, heißt in Wirklichkeit Joe Carollo. Der Spitzname bezieht sich auf sein aufbrausendes Temperament. Außerdem hat er den Gesichtsausdruck eines sehr nervösen, möglicherweise paranoiden Menschen, in dessen Kopf lauter kleine, aber sehr wilde Tiere stecken – wahrscheinlich Frettchen –, die jeden Moment explosionsartig ausbrechen, den Schädel durchschlagen, zu den Augenhöhlen austreten und einen angreifen können.

»Mayor Loco« ist der Spitzname von Crazy Joes politischem Erzfeind, Xavier Suarez. Als er Crazy Joe bei den Bürgermeisterwahlen im Jahre 1997 schlug, galt er als geistig gesund, aber diese Einschätzung wurde schnell revidiert, als er sein Amt antrat und sich von Stund an wie jemand benahm, der (um es mit dem psychologischen Terminus technicus auszudrücken) nicht alle Gabeln im Fondueset hat.

Zum einen behauptete er, Miami habe keine Finanzkrise, auch dann noch, als sich die Stadt schon jenseits der Zahlungsfähigkeit befand. Immerhin war sie jahrelang von Politikern regiert worden, deren Finanzgebaren nur für einen Heroinsüchtigen normal war.

Der eigentliche Grund jedoch, warum Mayor Loco »Mayor Loco« genannt wird, liegt in seinem – wie die Zeitungen es formulieren – irritierenden Verhalten. Als er beispielsweise einmal einen kritischen Brief von einer Frau aus Miami erhielt, einer gewissen Edna Benson, beschloß der Bürgermeister, der Schreiberin einen Besuch abzustatten – unangemeldet, an einem Wochentag um 22.30 Uhr. Mrs. Benson, eine pensionierte Angestellte der Stadtverwaltung, war allein zu Haus und hatte gerade ihre Haare auf Lockenwickler gedreht, als es an der Haustür klingelte. Inzwischen haben Sie so viel über das Leben in Südflorida erfahren, daß ich einmal testen möchte, ob Sie den Fortgang der Episode erraten können. Ich biete Ihnen zwei Szenarien zur Auswahl:

Szenario eins: Mrs. Benson unterhielt sich eine Weile mit dem Bürgermeister, und nachdem sie die Dinge einmal aus seinem Blickwinkel gesehen hatte, änderte sie ihre Meinung.

Szenario zwei: Mrs. Benson unterhielt sich eine Weile mit dem Bürgermeister, und obwohl sie es gut fand, die Dinge einmal aus seinem Blickwinkel gesehen zu haben, beharrte sie weiter auf ihrer Kritik.

Wenn Sie auf Szenario eins tippen, liegen Sie falsch. Sie liegen aber auch falsch, wenn Sie Szenario zwei gewählt haben. Wir sind schließlich in Miami, und in Miami entwickeln die Dinge sich so:

Szenario drei: Mrs. Benson griff zu ihrem .38er-Revolver (»Der hat die Sorte Kugeln, die wirklich Schaden anrichten«, äußerte sie später gegenüber dem *Miami Herald*). Dann ging sie ans Fenster und spähte hinaus, weil sie dachte, es handle sich um einen Einbrecher. Als sie jedoch sah, daß es der Bürgermeister war, der höchste Würdenträger der Stadt, da ... weigerte sie sich natürlich, ihm die Tür zu öffnen.

»Er sah furchtbar wütend aus«, sagte sie, «nicht ganz bei Sinnen.«

Ich sollte vielleicht noch erwähnen, daß sich ein Kritikpunkt in Mrs. Bensons Brief auf Humberto Hernandez bezog, dem Mayor Loco eines der höchsten Ämter von Miami übertragen hatte. Diese Personalentscheidung erschien Mrs. Benson – wie auch anderen Bürgern der Stadt – recht fragwürdig, denn zu dem Zeitpunkt war gegen Hernandez ein Prozeß wegen Bankbetrugs und Geldwäsche anhängig.

Die Tatsache, daß Hernandez unter Anklage stand, hatte seine Wiederwahl in die Miami City Commission allerdings nicht verhindert. Im Gegenteil. In Südflorida ist einem ein Wahlsieg so gut wie sicher, wenn man unter Anklage steht. Die Wähler scheinen das als einen Pluspunkt zu werten, als Beweis dafür, daß jemand weiß, wie Politik funktioniert.

Ein gutes Beispiel dafür ist auch der Bürgermeister von Hialeah, Raul Martinez, der wegen Betrugs, Erpressung und Wahlbetrugs angeklagt und später auch verurteilt wurde. Diese Tatsache hinderte die Wähler keineswegs daran, ihn während seines Berufungsverfahrens zweimal im Amt zu bestätigen, jedesmal mit einer überwältigenden Mehrheit. Martinez gewann die Berufung, aber zweifellos wäre er auch wiedergewählt worden, wenn er den Prozeß verloren hätte.

Doch zurück zu Humberto Hernandez, dessen Prozeß noch im Gange war, als Mayor Loco ihn zum Präsidenten der Miami City Commission ernannte: Er bekannte sich des Bankbetrugs schuldig, aber öffentliches Aufsehen erregte er erst, als bekannt wurde, daß sein Verteidiger, José Quinon (der übrigens auch den Bürgermeister von Hialeah verteidigt hatte), eine Affäre mit Hernandez' Frau hatte, während Hernandez im Gefängnis saß. Passen Sie bitte gut auf, denn jetzt wird es kompliziert: Als die beiden diese Affäre hatten, saß Hernandez nicht wegen des Bankbetrugs ein, sondern wegen eines anderen Falles, bei dem es um Wahlbetrug bei ausgerechnet der Wahl gegangen war, die Mayor Loco zum Bürgermeister gemacht hatte.

Nach und nach kam ans Tageslicht, daß bei dieser Wahl – selbst nach den äußerst laxen Standards von Miami – massiver Wahlbetrug begangen worden war. Der *Miami Herald* gewann sogar den Pulitzerpreis für eine Untersuchung, die nachwies, daß mehrere Wahlen in Miami von Wählern entschieden wurden, die, genau genommen, gar nicht in Miami wohnten. Der *Herald* hatte sich mit einigen von ihnen in Verbindung gesetzt, die dazu wunderbare, manchmal geradezu herzerwärmende Erklärungen abgaben. Unter anderem die folgenden, die korrekt zitiert und nicht von mir erfunden sind:

– Eine Frau, die von Miami weggezogen war, aber noch dreizehn Jahre lang bei städtischen Wahlen abstimmte: »Ich weiß, ich hätte das nicht tun sollen, aber ich will doch nicht meine Leute sitzenlassen, mein eigenes Fleisch und Blut!«

– Mitglieder einer Familie, die außerhalb von Miami wohnte, aber immer geschlossen in die Stadt fuhr, wenn Wahlen anstanden: »Das hat bei uns Tradition.« Und: »Uns ist es wichtig, als Familie zu handeln.«

– Eine Ehefrau, die mit ihrem Mann aus Miami weggezogen war, aber weiter dort zu Wahlen ging: »Als wir umgezogen waren, konnte ich nicht mehr für die Leute stimmen, die mir in Miami so ans Herz gewachsen waren.«

– Ein Mann, der nach Hialeah gezogen war, aber weiter in Miami zur Wahl ging: »Ich habe mich Miami immer stärker verbunden gefühlt als jedem anderen Ort. Immerhin bin ich amerikanischer Staatsbürger, und als solcher breche ich kein Gesetz, wenn ich wählen gehe. Das ist mein gutes Recht als amerikanischer Staatsbürger.«

Da hat er verdammt recht, der Mann! Das ist Amerika! Jeder hat das Recht zu wählen, wo es ihm paßt, egal wo er wohnt!

Damit will ich nicht sagen, daß man, um in Miami zu wählen, so rigide und willkürliche Bedingungen erfüllen muß, wie zum Beispiel ... überhaupt am Leben zu sein. Der *Herald* fand heraus, daß sich an den städtischen Wahlen von 1997 ein Manuel Yip beteiligt hatte, der bereits 1993 gestorben war. Seit seinem Tod hatte er sich nachweislich noch an mindestens sechs verschiedenen Wahlen beteiligt. Da kann man mal sehen, wie fest verankert die amerikanischen Grundrechte sind!

Zurück zu Mayor Loco: Als nun all die Wahlbetrügereien ans Licht kamen, zog der frühere Bürgermeister, Crazy Joe, vor Gericht, um Mayor Locos Sieg anzufechten. Raten Sie, welcher Anwalt Crazy Joe bei diesem Prozeß vertrat!

Wenn Ihr Tip lautet: »der frühere Bundesanwalt Kendall Coffey, der die Oben-ohne-Tänzerin in den Arm gebissen und sowohl Elián Gonzalez als auch Al Gore vor Gericht vertreten hat«, haben Sie sich zum Experten für Südflorida gemausert.

Am Ende enthob das Gericht Mayor Loco seines Amtes und setzte Crazy Joe wieder als Bürgermeister von Miami ein. Momentan bereitet Mayor Loco eine Kampagne zu seiner Wiederwahl vor. Das hatte auch Crazy Joe vorgehabt, ehe er verhaftet wurde und eine Nacht im Gefängnis verbringen mußte, weil er seiner Frau eine Teeschachtel über den Kopf gezogen hatte. Noch ist also unklar, wie die Zukunft für diese beiden Männer aussieht, aber ich hoffe inständig, daß sie nicht aus dem öffentlichen Leben verschwinden, nachdem sie uns über so viele Jahre hinweg Top-Entertainment geboten haben. Außerdem: Was ist schon dabei, wenn Bürgermeister ein bißchen verrückt sind, solange sie nicht losgehen und Leute umbringen?!

Das gilt allerdings nicht für die ehemalige Bürgermeisterin von Hialeah Gardens, Gilda Oliveros, wegen ihrer bevorzugten Kleidung auch »Mrs. Minirock« genannt.

Sie wurde verhaftet, als sie zwei Angestellte der Stadtverwaltung zuerst 1996 und dann noch einmal 1997 gebeten
hatte, ihren damaligen Gatten zu ermorden, damit sie seine Lebensversicherung kassieren konnte.[59] (Ich brauche
wohl nicht extra zu erwähnen, daß auch sie sich wegen
Wahlbetrugs verantworten mußte.)

Mrs. Minirock widersprach allen Anklagepunkten.
»Ich habe gute Beine«, sagte sie. »Ich bin groß. Ich sehe
gut aus. Und, nun ja, ich explodiere leicht. Dann schreie
ich ungefähr fünf Minuten lang rum, aber anschließend
beruhige ich mich wieder. Auf jeden Fall bringe ich keine
Leute um.«

1999 begann der Prozeß gegen Mrs. Oliveros. Sicher
haben Sie schon erraten, daß ihr Verteidiger kein anderer
war als Ed Shohat, der Empfänger des harmlosen Akten-
koffers mit 150.000 Dollar in bar, allesamt durch saubere
Arbeit erworben.

Im Prozeß warf die Staatsanwaltschaft Oliveros vor, sie
habe eine Affäre mit Julio Martinez, dem früheren Bürgermeister von Hialeah, gehabt (nicht zu verwechseln mit
dem gegenwärtigen Bürgermeister von Hialeah, Raul
Martinez, der zweimal wiedergewählt wurde, während
sein Berufungsverfahren in Sachen unlautere Geschäfts-
gebaren und Erpressung lief). Die Verteidigung hingegen
behauptete, die Hauptbelastungszeugen gegen Mrs. Minirock seien miteinander verbandelte Schwule, die sich
gegen die Bürgermeisterin verschworen hätten, weil sie
mit ihr ein Hühnchen zu rupfen hätten.

Dennoch wurde Mrs. Minirock zu vier Jahren Gefängnis verurteilt. Ich bin ganz zuversichtlich, daß sie nach ihrer Entlassung ihre politische Karriere fortsetzen kann,
vielleicht schon vorher.

Ich habe mich in diesem Kapitel auf einige wenige Politiker, Anwälte und Beamte von Südflorida beschränkt, die
wegen diverser Verbrechen verurteilt wurden und es in

---

[59] Wenn Sie mich fragen, hätte die Frau nicht verurteilt werden dürfen,
denn es ist doch ganz klar, was passiert, wenn man Angestellte der
Stadtverwaltung um etwas bittet: gar nichts.

unseren großzügigen, verständnisvollen Kommunen dennoch zu Wohlstand und Ansehen gebracht haben. »Leben und leben lassen« lautet halt die Devise hier.

Diese Großzügigkeit ist nicht neu. Schon Al Capone hat sich aus genau diesem Grunde hier niedergelassen, ebenso Meyer Lansky und Richard Nixon. Und selbstverständlich hat sich auch O. J. Simpson auf der Suche nach einem Plätzchen, das zu ihm paßt, für Südflorida entschieden. Hier ist einfach jeder willkommen!

Südflorida gilt als Schmelztiegel. Wenn es einen Ort auf der Welt gibt, wo Menschen in einem Tiegel schmelzen, dann hier. Die größten Gruppen, die um friedliche Koexistenz Bemühten sind:

Die Ureinwohner: Hier handelt es sich um zirka 27 Menschen, die in Südflorida geboren und aufgewachsen sind und immer noch hier wohnen. Sie erzählen einem dauernd, wie schön es hier war, bevor all die anderen Leute herzogen und alles kaputt gemacht haben ... daß es keinen Verkehr gab, keine Kriminalität, eine stete Brise, freundliche, pazifistische und/oder vegetarische Moskitos, Freibier, Flamingos auf dem Biscayne Boulevard und große, fleischige Fische und Schalentiere, die freiwillig aus dem Meer direkt auf den Gartengrill sprangen. Es war himmlisch! Allerdings ist die Haut vieler Ureinwohner vollkommen zerstochen und zerkratzt.

Rentner: Das sind Leute, die nach Beendigung ihres Arbeitsleben (oder, in manchen Fällen, ihres Leben überhaupt) hierher gezogen sind, um zu relaxen, Bingo zu spielen, sich die Hosen bis unter die Brust hochzuziehen, um 16.30 Uhr Abendbrot zu essen und in ihrem 87er Oldsmobile überall konstant Tempo 30 zu fahren, auch bei roter Ampel, auf der Autobahn und in Fußgängerzonen. Manchmal fahren sie auch in Häuser hinein, aber dafür kann man sie insofern nicht verantwortlich machen, als sie gar keine Gebäude mehr erkennen können. Rentner hocken gern in großen Wohngruppen aufeinander und verbringen ihre goldenen Jahre damit, sich gegenseitig anzukeifen.

New Yorker: Davon scheint es hier Millionen zu geben, und ich kann, ehrlich gesagt, nicht verstehen, warum. Pausenlos erzählen sie sich gegenseitig in einer Lautstärke, die bis zu den umliegenden Planeten dringt, daß es in New York viel schöner ist. Wenn man sie von New Yorks gemütlichen Stadtvierteln, der überlegenen Kultur, spannenden Sportveranstaltungen, chinesischen Restaurants etc. schwärmen hört, bekommt man den Eindruck, New York sei ein Paradies – und nicht dieser überteuerte, überbevölkerte, dreckige Moloch, in dem alles nach Urin stinkt.

Menschen aus Ohio: »Menschen aus Ohio« steht hier als Sammelbegriff für Menschen aus ganz normalen Landesteilen (also alle außer New Yorkern), die es irgendwie hierher verschlagen hat. Sie haben panische Angst vor den riesigen Insekten und den psychotischen Autofahrern und leiden unter der Luftfeuchtigkeit von vier Milliarden Prozent und der allgegenwärtigen Verrücktheit. Wenn Menschen aus Ohio überhaupt hierbleiben, ziehen sie nach Broward County und verschanzen sich in identischen Häusern in abgezäunten Siedlungen, die Namen von Naturvorkommen tragen, die es in Südflorida nicht gibt, z.B. *Eichengrund* und *Auenwiese Sektion IV.*

Frankokanadier: Sie fallen in großer Zahl während der Wintermonate ein und tragen viel zum allgemeinen Frieden in Südflorida bei, denn alle anderen Gruppen, die sich sonst über gar nichts einigen können, sind in ihrem Haß auf sie einig, weil sie noch schlechter Auto fahren als Rentner, und wenn sie überhaupt Trinkgeld geben, dann maximal drei Prozent.[60]

Europäische Touristen: Viele Europäer kommen nach Südflorida, vor allem nach Miami Beach. Was ihnen dort besonders gefällt, ist das relaxte Ambiente kosmopolitischer Freizügigkeit – oder anders ausgedrückt: Man kann dort nackt herumlaufen. Die amerikanischen Touristen

---

60 Das soll ein Witz sein. Natürlich geben sie höchstens zwei Prozent.

bekommen oft Stielaugen, wenn sie an den Strand gehen und sehen, wie ungeniert europäische Frauen ihre Brüste zur Schau tragen. Bei den männlichen Amerikanern führt das oft dazu, daß sie – den Blick starr auf die europäischen Nippel gerichtet, während sie so lässig und desinteressiert wie möglich zu wirken versuchen – schnurstracks in einen Wachturm der Rettungsschwimmer marschieren. Die Kehrseite der europäischen Freizügigkeit sind jene beutelförmigen Badehosen, nicht größer als eine Augenklappe. Sie werden von Männern getragen, die so unförmig und behaart sind wie Wasserbüffel. In der europäischen Urlaubssaison ist der ganze Strand ein einziges Festival der Behaarten Pofalte.

Immigranten: Fremde schmeißen gern alle in einen Topf und bezeichnen sie als »Kubaner«. Hier gibt es viele Kubaner, und sie prägen das Leben in Miami ökonomisch wie politisch. Aber es gibt auch viele Immigranten aus anderen Teilen der Karibik, aus Zentral- und Südamerika, so viele, daß man sich in Miami manchmal – besonders wenn man aus Ohio stammt – vorkommt wie im Ausland. In großen Teilen von Miami wird nur spanisch oder kreol gesprochen. Ich habe schon Schilder in Schaufenstern gesehen, auf denen stand: HIER WIRD ENGLISCH GESPROCHEN.[61]

Ich persönlich mag dieses internationale Flair. Schließlich stammt meine Frau aus Kuba, und das macht es leichter für mich. Inzwischen spreche ich schon fließend spanisch. Nicht daß ich jetzt die ganze spanische Sprache beherrschte, aber immerhin kann ich fließend sagen: »Un momento, mi esposa habla espanol.« (»Einen Moment

---

61 Eine wahre Geschichte: Meine Frau und ihre Mutter waren in Miami in einem Julio-Inglesias-Konzert. Julio, der normalerweise spanisch singt, begann einen Song auf Englisch. Daraufhin sagte der Mann, der neben meiner Frau saß (auf spanisch): »Er soll spanisch singen! Wir sind hier doch in Miami! Wenn er englisch singen will, soll er in Minneapolis auftreten!«

144

bitte, meine Frau spricht spanisch«). Dann übernimmt meine Frau.[62]

Trotzdem habe ich manchmal Sprachprobleme. Wenn ich die Familie meiner Frau besuche, sprechen mir zuliebe alle englisch; doch manchmal benutzt jemand, um eine Sache auf den Punkt zu bringen, ein altes kubanisches Sprichwort, wovon es Tausende zu geben scheint. Hinterher wird es dann für mich übersetzt, und heraus kommt so etwas wie: »Man braucht keine drei Ellenbogen, um Flöte zu spielen« oder »Der Hund, der Trecker fährt, kann die Schlange auslachen.« Dann nicke ich verständnisvoll und denke: *Hä?*

Auch an den Zeitbegriff der Latinos mußte ich mich erst gewöhnen, und das hat immer wieder zu Auseinandersetzungen mit meiner Frau geführt. Ich habe einen angloamerikanischen Zeitbegriff. Dieses Anglokonzept geht davon aus, daß es nur soundsoviel Zeit pro Tag gibt – ungefähr 24 Stunden. Daraus folgt: Wenn man eine Sache wirklich und ernsthaft innerhalb eines Tages erledigen will, beispielsweise zum Flughafen fahren, dann muß man irgendwann im Laufe dieses einen Tages konkrete Maßnahmen ergreifen und sich Richtung Flughafen in Bewegung setzen. Wenn man das nicht tut, ist die für dieses spezielle Vorhaben zur Verfügung stehende Zeit irgendwann um.

Meine Frau hingegen hat einen lateinamerikanischen Zeitbegriff: Jeder Tag enthält ein unbegrenztes Zeitkontingent; folglich kommt man niemals in die Verlegenheit, etwas jetzt tun zu müssen. Meine Frau glaubt, sie könne alles später erledigen. Also kommt sie oft zu spät, jedenfalls aus meinem Angloblickwinkel. Aus ihrem Blickwinkel jedoch kommt sie niemals zu spät, denn es liegt ja immer noch unbegrenzt viel Zeit vor ihr.

In Miami wohnen so viele Latinos, daß die Uhren der

---

[62] Der andere Satz, den ich fließend auf spanisch sagen kann, lautet: »Mientras sus zapatos se estiran, yo bailaría es mambo contigo.« (»Solange sich deine Schuhe strecken, lass uns Mambo tanzen.«) Es ist erstaunlich, wie nützlich dieser Satz manchmal sein kann!

Stadt sich nach dem Zeitbegriff meiner Frau richten. Als Anglo muß man hier also lernen, was die Leute eigentlich meinen, wenn sie bestimmte Ausdrücke benutzen. Die folgende Tabelle soll Ihnen dabei helfen:

AUSDRUCK	ANGLO-BEDEUTUNG	LATINO-BEDEUTUNG
»sofort«	auf der Stelle	später
»heute«	irgendwann im Laufe des Tages	vielleicht morgen, vielleicht aber auch nicht
»morgen«	der Tag nach heute	vielleicht nächste Woche, aber auf keinen Fall schon morgen
»später«	demnächst	wahrscheinlich nie
»um 19 Uhr«	etwa um 19 Uhr	(hierfür gibt es keine Entsprechung)

Ein weiterer großer Unterschied hat etwas mit Leidenschaft zu tun. Generell kann man sagen: Der Leidenschaftsquotient liegt bei den Latinos viel höher. Auf Veranstaltungen in Miami, bei denen Musik gemacht wird, kann man die beiden Gruppen leicht voneinander unterscheiden, denn die Anglos reagieren auf die Musik so gut wie gar nicht, außer daß sie vielleicht mit ihren Designerstiften etwas rhythmischer auf ihre E-Books tippen. Die Latinos hingegen tanzen. Und zwar alle: Junge, Alte und ihre Hunde. Alle schwingen die Hüften, auch wenn es sich um künstliche handelt.

Tatsache ist: *Der durchschnittliche Anglo bewegt seine Hüften in seinem ganzen Leben seltener und langsamer als ein Latino beim einmaligen Absingen der Nationalhymne.*

In meinen Augen ist die Leidenschaft der Latinos das Beste an Miami. Jeder Anlaß – Geburtstage, Hochzeiten, Jubiläen, erfolgreiche Zahnbehandlungen – ist ihnen eine Party wert, die sich über Tage hinziehen kann. Ich liebe diesen Aspekt von Miami, diese Energie, die die Stadt durchströmt, sie lebendig macht und sie, alles in allem, zu einem ganz wunderbaren Ort macht.

Zuweilen gerät diese Leidenschaft allerdings außer Kontrolle, besonders in der Politik, und das bedeutet in Miami: in der Kubapolitik. Für viele und vieles in Miami ist und bleibt Kuba *das* Thema. Miami ist die einzige amerikanische Großstadt mit einer eigenen Außenpolitik. Fidel Castro ist der bei weitem einflußreichste Politiker in Miami, denn bei einem Großteil der politischen Debatten, die hier geführt werden, geht es den Kontrahenten nur um die Frage, wer Castro am meisten haßt.

Für die kubanischen Amerikaner liegt klar auf der Hand, was sie von Castro halten und warum sie ihn hassen; wenn Außenstehende das nicht verstehen, werden sie wütend und traurig. Etwa wenn alle paar Monate irgendein berühmter Schwachkopf nach Kuba fliegt, auf der ganzen Reise von professionellen Speichelleckern begleitet und von Castro persönlich bewirtet und umgarnt wird (der Mann kann sehr charmant sein!). Anschließend stellt sich dieser Schwachkopf dann hin, ohne die geringste Ahnung von der kubanischen Geschichte oder dem wirklichen Leben auf der Insel zu haben, und gibt eine unsinnige Erklärung ab. 1998 war es Naomi Campbell, die nach einer Kubareise erklärte – qualifiziert durch eine gründliche Ausbildung als Supermodel –, Castro sei »ein Quell der Inspiration für die ganze Welt«.

Etwa zur gleichen Zeit bezeichnete der als Vorkämpfer für die Menschenrechte bekannte Jack Nicholson Castro als »ein Genie«. Über seinen Besuch bei Castro sagte er: »Wir haben uns über alles mögliche unterhalten. Es war ein ganz normales Gespräch. Über das Leben, über Kultur ... Er ist ein Nachtmensch, genau wie ich.«

Na, dann! Was könnte jemand an einem Nachtmenschen wie Jack auszusetzen haben?!

Wenn so idiotische Statements abgegeben werden, während immer wieder Menschen bei Fluchtversuchen auf ihren Flößen umkommen, gerät selbst meine sonst so gelassene Frau in Wallung. Härter gesottene Kubaner rasten bei solchen Gelegenheiten regelrecht aus, besonders die älteren Kubaner, die noch selbst gegen Castro gekämpft haben und sich als Exilierte betrachten, immer noch davon träumen, eines Tages in die Heimat zurückkehren.

Das wird natürlich nicht geschehen: Castro hat gewonnen, und sie haben verloren. Das ist immer wieder Salz in die offene Wunde: Castro ist in Havanna, und sie sind in Miami. Für Außenstehende ist es fast unmöglich zu verstehen, wie wütend, wie verbittert, wie frustriert die Exilanten deswegen sind. Diese Wut kocht permanent unter der Oberfläche von Miami.

Immer wieder bricht diese Wut offen aus und führt zu den verrücktesten Ereignissen. Eine Weile, und das ist noch gar nicht lange her, trainierten schwer bewaffnete paramilitärische Einheiten in den Everglades, Mitglieder rivalisierender Exilgruppen wurden ermordet, Bomben explodierten vor Geschäften und Organisationen, die als nicht Castro-feindlich genug galten.

Aber vieles in der Anti-Castro-Bewegung ist nur gaga. Nehmen wir den legendären Orlando Bosch, ein Anti-Castro-Aktivist und ehemaliger Kinderarzt, der über die Jahre in eine eindrucksvolle Anzahl von Bombenattentaten, Überfälle und Schießereien verwickelt war. 1964 wurde Bosch verhaftet, als er zur Hauptverkehrszeit durch die Innenstadt von Miami fuhr – mit einem Torpedo im Schlepp. 1968 holte er zu einem wirkungsvollen Schlag gegen den Kommunismus aus, als er mitten auf dem MacArthur Causeway mit einer Bazooka auf einen polnischen Frachter schoß, der im Hafen von Miami festgemacht hatte. (Zwar sank der Frachter nicht, aber nur 23 Jahre später brach das Sowjetsystem zusammen.)

Die Gewalt ist zurückgegangen, aber die Frustration dauert an, kocht leise vor sich hin, und manchmal schlägt sie immer noch in Gewalt um, bisweilen auf sehr bizarre Weise. Hier einige Beispiele aus der jüngeren Vergangenheit:

– 1995 bildeten mehrere Dutzend Exilkubaner eine Protestflotte aus Vergnügungsbooten und drangen in kubanische Gewässer ein. Zwei kubanische Kanonenboote brachten das Leitschiff auf. Dabei verlor der Ratspräsident von Dade County, Pedro Reboredo, das Gleichgewicht und quetschte sich einen Fuß zwischen den Booten ein. Per Hubschrauber brachte man ihn nach Miami zurück, wo ihm im Krankenhaus ein Zeh amputiert wurde. Bei seiner Entlassung sagte Reboredo: »Ich bin sehr glücklich. Es ist sehr schön, ein Stück von sich selbst für sein Land zu opfern.« So etwas passiert einem Ratspräsidenten in Iowa nicht.

– 1999 ordnete ein Beamter der Luftfahrtbehörde von Miami/Dade an, die Zeitschrift *Cigar Aficionado* aus dem Zeitungsstand des Flughafens zu entfernen, weil sie einen Artikel über Kuba enthielt, den der Beamte zu positiv fand. (Was hat das verfassungmäßige Recht auf Meinungsfreiheit damit zu tun? Wir sind hier in Miami!)

– Am Neujahrstag des Jahres 2000 klatschten Exilkubaner Beifall, als ein einundfünfzigjähriger vietnamesischer Antikommunist namens Ly Tong (er hatte einmal eine Maschine der *Air Vietnam* über Ho Chi Minh Stadt entführt und antikommunistische Flugblätter aus dem Cockpit abgeworfen) von Key West in einem gemieteten Flugzeug nach Havanna startete. Dort wollte er Flugblätter abwerfen, die zur Rebellion aufriefen und Fidel Castro als »alten Dinosaurier« bezeichneten. Für diesen mutigen Schlag gegen die Tyrannei wurde Tong später bei einer Parade in Little Havana wie ein Held gefeiert, und eine Anti-Castro-Gruppierung überreichte ihm eine Medaille.

Das von den Medien am heftigsten ausgeschlachtete Beispiel für die Anti-Castro-Hysterie von Miami war natürlich das Fiasko um Elián Gonzalez. Für einen Anglo war es ein ganz klarer Fall: Die Mutter des Jungen war gestorben, also sollte er seinem Vater übergeben werden. Aber für die Exilkubaner in Miami war das keineswegs eine Familienangelegenheit. Für sie ging es um genau das, worum es in Miami immer geht: um Fidel. Wenn Fidel sagte, der Junge solle nach Kuba zurückkehren, dann durfte der Junge auf gar keinen Fall zurück.

So begann ein internationaler Zirkus, die ganze dramatische Farce mit Nebenschauplätzen ohne Ende: die Verwandten in Miami, ihre Berater und Anwälte, die Journalisten, der skandierende Mob auf der Straße, der »Fischer«, der keiner war, die phantastischen Geschichten von lebensrettenden, Castro-feindlichen Delphinen und das Erscheinen der Jungfrau Maria in einem Spiegel.

Die Welt schaute sich das Spektakel an und kam zu dem Schluß, daß Miami ein Ort für Verrückte ist. Was ohne Frage stimmt. Vollkommen Verrückte. Ich sage nur: es gibt einen Grund dafür.

Wenn Sie nicht in Südflorida wohnen, finden Sie das alles vielleicht einfach nur lächerlich. Ha, die Verrückten von Miami schon wieder! Diese durchgeknallten, Torpedos schleppenden, Bazookas abfeuernden, zehenamputierten Exilkubaner! Vielleicht glauben Sie, das alles habe mit Ihnen da oben in Ohio nichts zu tun.

Dann bedenken Sie einmal folgendes: Der Fall Elián hat die Exilkubaner in Miami stinkesauer gemacht. Ihre Wut richtete sich gegen die Clinton-Administration, die den Jungen nach Kuba zurückschickte. Und nun nimmt man an – zurecht, wie ich meine –, daß diese Wut Al Gore viele, viele hispanische Wählerstimmen gekostet hat. Mit anderen Worten: Ohne Elián hätte Al Gore in Florida mit Leichtigkeit gewonnen und damit auch die Präsidentenwahl.[63]

Tja, Mr. und Mrs. Ohio, es scheint, als seien Sie die Dummen, ha-ha-ha! Die Verrückten von Miami und vielleicht noch ein paar Leute aus Palm Beach, die zu dumm sind, um ein Loch in ein Stück Pappe zu machen, haben darüber entschieden, wer jetzt Ihr Präsident ist!

Womit wir wieder beim ursprünglichen Thema dieses Kapitels wären, den Fruchtfliegen der Ryuku-Inseln.

---

[63] Es ist nicht das erste Mal, daß die Anti-Castro-Ressentiments von Miami bei einer Präsidentenwahl den Ausschlag gaben. Denken Sie nur an Watergate!

Nein, wir sind wieder beim Wahldebakel des Jahres 2000 angelangt und bei der Frage, welche praktischen Schritte unternommen werden können, um zu verhindern, daß so etwas noch einmal passiert. In diesem Kapitel habe ich dargelegt, daß Südflorida die wohl verrückteste Region der gesamten Vereinigten Staaten ist und daß die Gefahr einer landesweiten Ausbreitung dieser Verrücktheit besteht, solange Südflorida Teil der Vereinigten Staaten bleibt.

Ich hätte noch mehr Vorschläge zur Verbesserung unseren Wahlsystems zu machen, alle sehr praktisch, aber dieses Kapitel ist jetzt schon viel zu lang. Deshalb packe ich meine anderen Vorschläge einfach ins nächste Kapitel. Vorher nehmen wir uns aber etwas Zeit für die folgende Betrachtung:

8. KAPITEL:

Das Jahr 2000 – Ein Präsident wird gemacht (Fortsetzung)

Oder: Anwälte außer Rand und Band

Im letzten Kapitel habe ich erklärt, wie unsere Nation eine erneute Blamage wie die der Präsidentenwahl im Jahre 2000 vermeiden kann, wenn zu dem simplen Mittel gegriffen wird, Florida – oder wenigstens Südflorida – aus dem Staatenbund auszuschließen und die überschüssigen Wählerstimmen einem so nüchternen, erdverbundenen Staat wie, sagen wir, North Dakota[64] zuzuschlagen. In diesem Kapitel möchte ich nun über drei andere Dinge sprechen, die für das Wahldebakel des Jahres 2000 eine Rolle gespielt haben. Es sind diese:

1. das Fernsehen
2. Anwälte
3. Anwälte im Fernsehen

Beginnen wir mit dem Fernsehen. Wenn Sie im Jahre 2000 in der Wahlnacht aufgeblieben sind und sich die Wahlberichterstattung auf den großen Nachrichtenkanälen angeschaut haben – die Studiohengste mit Millionengagen, die Expertenkommentare, die Heerscharen von Rechercheuren, die bombastischen Graphiken und Tabellen, die Meinungsumfragen und Hochrechnungen und die Unzahl von Computern, die überall herumstanden –, ist Ihnen wahrscheinlich irgendwann, vermutlich um sieben Uhr morgens, klar geworden: Sie wären genau-

---

[64] Ich gehe davon aus, daß North Dakota ein Bundesstaat ist.

so gut informiert, wenn Sie die ganze Nacht über auf Ihren Toaster gestarrt hätten.

Vermutlich wären Sie dann sogar besser informiert gewesen. Auch dem besten Toaster wäre es nicht gelungen, Sie mit so vielen Fehlinformationen zu füttern wie die Fernsehgesellschaften. Falls Sie diese Nacht schon wieder vergessen haben, lassen Sie uns noch mal einen Blick auf die Wahlnacht 2000 werfen, so wie sie der durchschnittliche Fernsehzuschauer mit Fernbedienung erlebt hat:

FERNBEDIENUNG: KLICK

TOM BROKAW: Wenn Sie gerade erst Ihr Gerät eingeschaltet haben, kann ich Ihnen sagen, daß die letzte Prognose der NBC-News Al Gore in Minnesota jetzt definitiv vorne sieht, während Arizona und South Carolina an Bush gehen werden. Für Oregon, Delaware und Idaho bleibt die NBC-Prognose unverändert: Alle drei Staaten fallen nach wie vor in die Kategorie »Staaten mit dreisilbigen Namen«. Was das im einzelnen zu bedeutet hat, fragen wir unseren Politikexperten, Tim Russert, der uns mit variablen Schautafeln und schätzungsweise 87.000 Milligram Koffein im Blut zugeschaltet ist. Tim, was hat das alles zu bedeuten?

TIM RUSSERT: Nun, Tom, da gibt es verschiedene Möglichkeiten. Einserseits, wenn Gore in Minnesota gewinnt und gleichzeitig Vermont oder Tennessee halten kann, aber in Michigan verliert, während Bush South Carolina hält und gleichzeitig Vermont, Kentucky oder Washington von Gore zurückgewinnt, aber nicht Pennsylvania oder West Virginia, dann gibt es ein Kopf-an-Kopf-Rennen und noch viel zu berichten. Andererseits, wenn Gore Vermont gewinnt, aber nicht Tennessee, während Bush entweder North Carolina oder Utah bekommt, ohne daß Maine sich ...

FERNBEDIENUNG: KLICK

DAN RATHER: Zeit, sich zu beschnüffeln, Leute, genau wie die Hunde, denn dieses Kopf-an-Kopf-Rennen verspricht heißer zu werden als ein Hot Dog in einer Feuerwerksfabrik. Es ist eng, Leute, enger als eine eingelaufene Damenstrumpfhose. Eine Prognose zu wagen, hat genauso viel Sinn, wie im Schneesturm das Heu mit einem Löffel für Linkshänder einzuholen. Ich komme mir vor wie jemand, der einem Frosch die Haare mit ′ner Mundharmonika schneiden will. Wie ein Alligator, der sich auf ′ner Erdnußfarm eine Sonnenbrille aufsetzt. Wie ein Schwein, das die Uhrzeit in einem Faß voller gebratener ...

FERNBEDIENUNG: KLICK

PETER JENNINGS: Laut ABC News ist Al Gore der offizielle Sieger in Florida. ABC betont, daß es sich um eine erwiesene Tatsache handelt. Sie können uns vertrauen, denn wir benutzen jede Menge High-tech-Computergraphiken. Wenn einem Graphiken in solchen Mengen zur Verfügung stehen, weiß man einfach, daß man sich darauf verlassen kann. Und sehen Sie sich auch ruhig mal meinen Anzug etwas genauer an! Zwei Riesen hab ich dafür hingeblättert. Es kann also gar keine Frage sein: Wenn ich Ihnen sage, daß Al Gore in Florida gewinnt, dann können Sie getrost ...

FERNBEDIENUNG: KLICK

TOM BROKAW: Hallo, Tim Russert? Ich höre gerade über Kopfhörer von Peter Jennings, daß Al Gore in Florida gewonnen hat. Was bedeutet das?

TIM RUSSERT: Nun ja, Tom, das kommt ganz drauf an ... Wenn Gore auch noch in Oregon, Missouri und zwei Staaten mit »L« gewinnt, sieht es ganz gut für ihn aus. Aber wenn Bush sich in Georgia, Arkansas und entweder Kansas oder den Britischen Virgin Islands behaupten kann und seine Männer in nördlicher Richtung gen Gettysburg in Bewegung setzt, bevor Grant seine Truppen in Position bringt, kann er ...

FERNBEDIENUNG: KLICK

DAN RATHER: In den CBS News heißt es jetzt, daß Gore in Florida gewonnen hat, und was in den CBS News gesagt wird, ist eine sichere Bank. Das kann man in Geschenkpapier einwickeln, ′ne Schleife drumrumbinden und Mutti schenken. Man kann es in einen Umschlag stecken, ′ne Briefmarke draufkleben und zum Finanzamt schicken, mit Einschreiben und Empfangsbestätigung.

Man kann es in den Ofen stecken und bei 250 Grad 45 Minuten backen – oder bis kein Teig mehr am Zahnstocher hängenbleibt ...

FERNBEDIENUNG: KLICK

PETER JENNINGS: Die ABC gibt eine kleine Korrektur bekannt. Unsere Meldung, Al Gore habe in Florida gewonnen, sollte im Grunde genommen bedeuten, daß Gore *nicht* in Florida gewonnen hat. Ist das so weit klar? Außerdem habe ich diesen Anzug mit Rabatt bekommen. Aber abgesehen davon stehen wir von ABC hundertprozentig hinter jedem Wort, das wir ...

FERNBEDIENUNG: KLICK

TIM RUSSERT: Tom, da Gore nun *nicht* in Florida gewonnen hat, ergibt sich ein ganz neues Bild, denn wenn sich New York, Vermont und Lake Erie für Gore entscheiden, Indiana jedoch Bush und einen bislang unbekannten Kandidaten wählt und Missouri obendrein noch einen Homerun mit Touchdown hinlegt, dann könnte es verdammt knapp für ...

FERNBEDIENUNG: KLICK

DAN RATHER: Leute, unsere Gesichter sind so rot wie Pavianärsche. Wir arbeiten wie die Biber an unserem Masterrechner, um rauszukriegen, warum wir diese Scheiße mit Florida falsch gemacht haben. Bisher wissen wir nur, daß die Kandidaten so dicht beieinander liegen wie der Hauch einer Ahnung einer ... Um es ganz deutlich zu sagen: Dieses Kopf-an-Kopf-Rennen ist wie ein Truthahn, der sich den Schlips eines Spechtes umgebunden hat und dazu noch ein Eichhörnchen in jeder Jackentasche trägt. Eine Prognose über den Wahlausgang zu wagen, wäre wie eine Blindschleiche, die einen dreibeinigen Affen mit einer Spitzhacke jagt. Ich komme mir schon vor wie ein Waschbär mit Handschuhen, der Gummitwist mit einer ...

FERNBEDIENUNG: KLICK

PETER JENNINGS: Nach der letzten offiziellen Verlautbarung der ABC News wurde die Wahl in Florida definitiv von George W. Bush gewonnen, wohingegen die vorige Meldung, derzufolge Al Gore definitiv gewonnen habe, definitiv falsch ist. Dieses Mal sind wir uns ganz, ganz sicher. Es gibt *absolut keinen Grund*, das jetzige Ergebnis anzuzweifeln, denn wir haben hundertprozentig überprüft, ob ...

FERNBEDIENUNG: KLICK

TIM RUSSERT: Tom, nachdem Bush nun in Florida gewonnen hat, ändert sich das ganze Bild natürlich dramatisch, denn wenn es Gore jetzt nicht gelingt, Oregon zu halten, wenn die Kaltfront über die Große Ebene auf das Tiefdruckgebiet über dem Atlantik zuströmt, wenn sich Kalifornien und Arizona zu einem neuen Bundesstaat namens Kalizona zusammenschließen und wenn die Schweiz neutral bleibt, haben wir ein so enges Kopf-an-Kopf-Rennen, daß man zu diesem Zeitpunkt unmöglich eine Prognose wagen kann. Wenn jedoch andererseits Connecticut dahinter kommt, daß Iowa eine Affäre mit Alaska hatte, als das uneheliche Kind von North ...

FERNBEDIENUNG: KLICK

DAN RATHER: Leute, es ist Zeit, die Schweine zu füttern und die Hunde reinzuholen, denn in den CBS News heißt es jetzt, daß George W. Bush in Florida gewonnen hat. Und wenn was aus den CBS News kommt, kann man das Familiensilber darin einpacken und im Garten vergraben. Da kann man Stahlgürtelreifen aufziehen und mit über den Broadway fahren. Damit kann man in die Parkallee gehen und drei Hotels bauen. Und wenn Sie Berge erklimmen, Flüsse durchschwimmen, durch Wald und Flur ...

FERNBEDIENUNG: KLICK

PETER JENNINGS: Wir von ABC haben eine neue, nun ja, also, eine Korrektur würde ich es nicht gerade nennen, eher eine Modifizierung, gegenüber unserer letzten Meldung über das Wahlergebnis in Florida. Nach neuesten Informationen, die uns bei ABC vorliegen, ist George W. Bush, der zum Sieger von Florida erklärt wurde, nachdem ursprünglich Al Gore dort gewonnen hatte, nun nicht mehr der Sieger, wenigstens im Moment nicht. Hier bei ABC sind wir uns dessen absolut sicher, jedenfalls insofern als ...

FERNBEDIENUNG: KLICK

TIM RUSSERT: ... wenn Bush nun also nicht in Florida gewinnt und sich Virginia zwischen Gore und Bush nicht entscheiden kann, geht *dieses* kleine Schweinchen zum Markte und *das* kleine Schweinchen bleibt zu Haus, andererseits ...

FERNBEDIENUNG: KLICK

DAN RATHER: Das Wahlergebnis springt hin und her wie 'ne pokerspielende Ballerina, deren Tutu Feuer gefangen hat. Diese Wahl ist verrückter als ein Aktenkoffer voller Frettchen. Ich komme mir schon vor wie ein Walroß mit Halsband in 'ner Wanne voll Käsekrem. Wie ein zweiköpfiges Huhn, das auf 'nem Einrad durch die Waschanlage fährt und dabei ...

WACKERSTEIN TRIFFT DEN BILDSCHIRM:
KRACH

Zusammenfassend kann man sagen, daß die Fernsehleute nur wirres Zeug von sich gaben. Das soll nicht heißen, wir Zeitungsleute wären nur einen Deut besser gewesen. Natürlich wollten wir die Geschichte korrekt darstellen: Die ganze Nacht über hatten wir mit unseren Informanten Verbindung. Das Problem war nur, daß unsere Informanten (aber erzählen Sie das bloß keinem!) die Fernsehleute waren. Und es stellte sich heraus, daß sie ihre Informationen alle aus ein und derselben Quelle hatten – dem Freundeskreis der Kaffeesatzleser.

Kein Mensch wußte, wer der nächste Präsident sein würde, denn kein Mensch wußte, wer die Wahl im alles entscheidenden Bundesstaat gewonnen hatte, nämlich in *(Band ab mit der Musik von Akte X!)* Florida.

Viele Menschen regten sich furchtbar auf, vor allem in Palm Beach County, wo viele sagten, sie hätten versehentlich Pat Buchanan gewählt, und das hätten sie nun überhaupt nicht gewollt. Selbst Pat Buchanan gab zu, daß es ein Fehler war, ihn zu wählen.

»Es ist doch völlig verrückt, mich zu wählen«, sagte er. »Ich hab' mich ja noch nicht mal selbst gewählt!«

Das Problem waren die Stimmzettel von Palm Beach.

Sie waren wirklich sehr verwirrend, wie man hier sehen kann:

STIMMZETTEL VON PALM BEACH

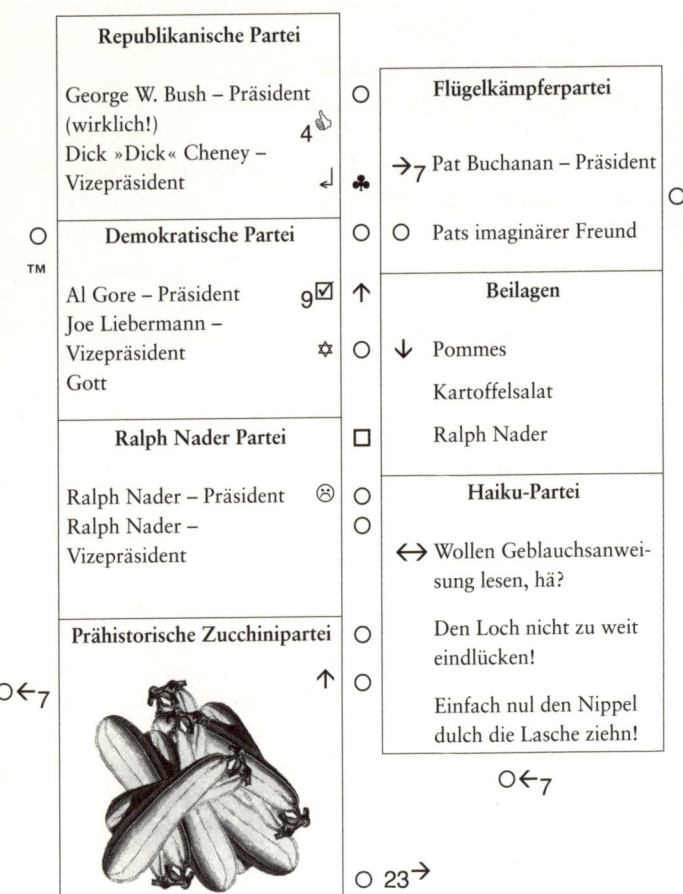

Republikanische Partei

George W. Bush – Präsident
(wirklich!)   4👍
Dick »Dick« Cheney –
Vizepräsident   ↵   ♣

○
™

Demokratische Partei

Al Gore – Präsident   9☑   ↑
Joe Liebermann –
Vizepräsident   ✡   ○
Gott

Ralph Nader Partei   □

Ralph Nader – Präsident   ☹   ○
Ralph Nader –   ○
Vizepräsident

Prähistorische Zucchinipartei   ○

○←7   ↑   ○

○ 23→

Flügelkämpferpartei   ○

→7 Pat Buchanan – Präsident   ○◀

○ Pats imaginärer Freund

Beilagen

↓ Pommes

Kartoffelsalat

Ralph Nader

Haiku-Partei

↔ Wollen Geblauchsanwei-
sung lesen, hä?

Den Loch nicht zu weit
eindlücken!

Einfach nul den Nippel
dulch die Lasche ziehn!

○←7

158

Viele Wähler gaben an, diese Stimmzettel hätten sie verwirrt. Manche haben die falschen Leute gewählt, andere
überhaupt niemanden[65], wieder andere haben (und warum auch nicht?) zwei Präsidenten gewählt.

Meine persönliche Theorie, warum die Stimmzettel
von Palm Beach so viel Verwirrung auslösten, ist folgende: Um sie richtig zu handhaben, muß man begreifen, was
Pfeile bedeuten. Leider haben aber viele Leute in Florida,
und besonders die älteren, große Probleme, das dem Pfeil
zugrundeliegende Konzept zu erfassen. Wer hier jemals
Auto gefahren ist, kann das bestätigen. Wenn man an einer Kreuzung in der Linksabbiegerspur steht, wo ein
großer, dicker Pfeil auf die Fahrbahn gemalt ist und nach
links zeigt, und ein Straßenschild in großen Buchstaben
NUR LINKSABBIEGER sagt, passiert es in fünfzig Prozent aller Fälle, daß, wenn die Ampel auf den grün nach
links zeigenden Pfeil umspringt, der Fahrer vor einem ...
nichts tut. Er weiß einfach nicht, was die vielen Pfeile bedeuten sollen. Manchmal biegt er dann nach rechts ab.

Jedenfalls glaube ich, daß die vielen Pfeile auf den
Stimmzetteln von Palm Beach das Problem waren. Bei
den nächsten Präsidentenwahlen sollten die Stimmzettel
weniger verwirrend gestaltet sein. Vielleicht könnte man
Fotos der Kandidaten auf die Stimmzettel drucken. Die
Wähler könnten ihrem Kandidaten mit der Lochzange
das Auge durchbohren. Aber selbst dann gäbe es vermutlich Probleme. Manche Wähler wären wohl immer noch
verwirrt und würden sich die Lochzange ins eigene Auge
bohren. Und hinterher würden sie darüber lamentieren,
daß sie das falsche Auge gewählt haben.

Aber zurück zu der Wahl im Jahre 2000: Am Morgen
danach wußten wir nicht, wie Florida gewählt hatte, das
heißt, wir wußten nicht, wer der nächste Präsident sein
würde. Das war sehr beunruhigend, für die ganze Nation.
Die Wahl hatte beunruhigende Fragen aufgeworfen, Fragen, die den Glauben an die Demokratie unterminierten.
Die einzige Möglichkeit, diesen unwürdigen Zustand zu

---

[65] Was im übrigen gar keine schlechte Wahl war.

beenden, war eine von gegenseitigem Verständnis, Offenheit, Ehrlichkeit und Fairneß gekennzeichnete öffentliche Debatte. Viele, wirklich viele Anwälte mußten antreten, um genau das zu verhindern.

Schon wenige Stunden, nachdem die Schwierigkeiten mit der Stimmenauszählung offensichtlich geworden waren, fielen Schwärme von Anwälten in Florida ein. Man konnte keinen Stein mehr schmeißen, ohne einen von ihnen zu treffen (das war das einzig Gute daran). Sie waren einfach überall, strengten Prozesse an, stellten Anträge, machten Eingaben, erhoben Einspruch, stellten Tatbestände fest, sprachen Latein und taten all die hamstereifrigen Sachen, die Anwälte so tun, um zu verhindern, daß der Normalbürger noch weiß, was los ist.

Sie lernen das im Studium. Ich persönlich habe zwar nie Jura studiert, aber ich kann mir sehr gut vorstellen, wie es dort zugeht: Die Studenten werden an Elektroden angeschlossen und dann von den Professoren befragt, etwa so:

PROFESSOR *(hält einen Löffel hoch)*: Was ist das?
JURASTUDENT: Ein Löffel.
PROFESSOR: *(Drückt auf einen Knopf.)*
JURASTUDENT: AAAAAAAA!
PROFESSOR *(hält Löffel hoch)*: Noch mal: Was ist das in meiner Hand?
JURASTUDENT: Es ... es *sieht aus* wie ein Löffel ... NEIN! BITTE NICHT!
PROFESSOR: *(Drückt auf Knopf.)*
JURASTUDENT: AAAAAAAAAAAAAA!
PROFESSOR *(hält Löffel hoch)*: Noch mal: Was ist das in meiner Hand?
JURASTUDENT: In gewisser Hinsicht, und auch das nur rein oberflächlich betrachtet, hat es gewisse Ähnlichkeit mit einem Haushaltsgegenstand, genannt Löffel, wobei jedoch geprüft werden muß, welche Definition von »Löffel« hier zur Anwendung kommt; wir sind jedoch bereit, Sachverständige in den Zeugenstand zu rufen, die überzeugend darlegen werden, daß auch eine ganze Reihe

anderer plausibler Erklärungen denkbar sind, sodaß nicht ohne begründeten Zweifel davon ausgegangen werden kann, daß es sich hier um einen Löffel handelt, oder – auch das muß in Erwägung gezogen werden – daß es sich per se um keinen Löffel handelt, je nachdem, wer sich bereit findet, uns dreihundert Dollar die Stunde plus Spesen zu zahlen. Desweiteren ist zu diesem Zeitpunkt noch keineswegs bewiesen, daß es sich überhaupt um Ihre Hand handelt.

PROFESSOR: Richtig. *(Zur Sicherheit drückt er noch einmal auf den Knopf.)*

So etwa muß es im Jurastudium zugehen, denn wer das hinter sich hat, ist kein normaler Mensch mehr, der eine simple, verständliche Aussage über irgendwas machen kann. Vor dem Jurastudium sagt man zu jemandem: »Schöner Tag heute«, und er antwortet: »Stimmt genau!« Nach dem Jurastudium lautet seine Antwort: »Können Sie das beweisen?«

Als sich also die Anwälte auf die Präsidentenwahl stürzten, entzog sich das weitere Prozedere dem allgemeinen menschlichen Verständnis. Stattdessen mutierte es zu einer komplexen und verwickelten Prozeßlawine. Live-Übertragungen im Fernsehen mit Analysen von Rechtsexperten sollten das Wählervolk auf dem laufenden halten. Bei diesen Rechtsexperten handelte es sich wiederum um Anwälte, die offenbar tagein, tagaus fernsehgerecht geschminkt in Aufnahmestudios herumsitzen und darauf warten, daß es einen historischen Prozeß zu analysieren gilt. Für den Laien vor der Glotze war das eine schwierige Zeit:

ANCHORMAN: Wir schalten gleich um in den Gerichtssaal von Richter A. Earl Frinkington Junior, der den Vorsitz führt bei der Anhörung über den Wiederaufnahmeantrag der Revision der richterlichen Verfügung gegen Richter Frinkingtons früheres Urteil in bezug auf die Entscheidung der Wahlhelfer von Caramba County, auch jene Stimmzettel zu zählen, auf denen eine Wählerentscheidung nur durch unleserliches Gekritzel markiert wurde. Wie Sie an meinem Flüsterton merken, handelt es sich um einen sehr historischen Fall, der große Auswirkungen auf den Zuschnitt unserer Live-Übertragung während des gesamten Nachmittags haben kann. Ich rufe jetzt unseren Rechtsexperten Norman Twinkleboner. Norm, was erwartet unsere Zuschauer, rein rechtlich gesehen?

RECHTSEXPERTE: Bob, bei dieser Anhörung müssen Gores Anwälte Richter Frinkington davon überzeugen, daß ein Fall von *mandamus certiorari* vorliegt, natürlich im Sinne von *res ipso facto non compost mentis*.

ANCHORMAN: Können Sie das so erklären, daß ein Laie es versteht?

RECHTSEXPERTE: Nein.

ANCHORMAN: Okay. Gerade betritt der Richter den Saal. Wir schalten in den Gerichtssaal ...

GERICHTSDIENER: Ich bitte um Ihre Aufmerksamkeit! Alle aufstehen! Der Ehrenwerte Richter Frinkington betritt den Saal. Alle Kaugummis aus dem Mund!

RICHTER: Sind die gegnerischen Anwälte anwesend?

ANWALT: Euer Ehren, ich bin F. Pierpoint Granule und vertrete den Beklagten.

ANWALT: Euer Ehren, ich bin Nedley M. Peesnicket Junior und vertrete den Kläger.

ANWALT: Euer Ehren, ich bin Walter Norkle und vertrete den Erblasser, im folgenden als Hypothekar bezeichnet.

RICHTER: Sind Sie alle ordentlich angezogen?

ANWÄLTE: Sind wir, Euer Ehren.

RICHTER: Tragen Sie Ihr Anliegen vor!

ANWALT: Euer Ehren, als erste Zeugin möchte der Kläger Jennifer Lopez anhören.

RICHTER: Was? Ist sie hier?

ANWALT: Nein, Euer Ehren. Aber der Kläger würde sie gern anhören.

(Gelächter)

ANWALT: War nur ein kleiner Scherz. Als ersten Zeugen rufen wir Mr. Walter Glompitt auf.

GERICHTSDIENER: Heben Sie die rechte Hand! Schwören Sie, die Wahrheit zu sagen, die ganze Wahrheit, einen richtig dicken Brocken Wahrheit, volles Rohr und Pfadfinderehrenwort?

ZEUGE: Jawohl.

GERICHTSDIENER: Dann dürfen Sie jetzt die Braut küssen.

ANWALT: Mr. Glompitt, können Sie dem Gericht Ihren vollen Namen nennen?

ZEUGE: Klar doch!

ANWALT: Einspruch, Euer Ehren! Das ist doch nur Hörensagen!

ANWALT: Wieso ist das Hörensagen?

ANWALT: Hat er doch gehört, wie das gesagt wurde!

(Gelächter)

RICHTER: Stattgegeben.

ANWALT: Nun, Mr. Glompitt, in der oder um die Nacht des 7. November, ist es da nach Ihrem Verständnis der Fall oder nicht, und zwar nur auf den hier zu verhandelnden Fall bezogen, wobei hier nur die Beweisstücke 3986 A und 3986 B von Relevanz sind, daß Sie gemäß Ihrer eigenen Erinnerung positiv oder negativ bestätigen können, daß ...

ANWALT: Einspruch!

RICHTER: Mit welcher Begründung?

ANWALT: Es klang so, als würde er seinen Satz zu Ende bringen.

RICHTER: Die Geschworenen werden das außer acht lassen.

GERICHTSDIENER: Bei diesem Prozeß gibt es keine Geschworenen.

RICHTER: Weitermachen, verdammte Scheiße!

ANWALT: Lassen Sie mich die Frage paraphrasieren: Mr. Glompitt, können Sie dem Gericht sagen, ob es, gemäß Ihrer eigenen Erinnerung, in der oder um die Nacht des 7. November in Bezug auf die Beweisstücke 3986 A und 3986 B nicht inkorrekt wäre zu sagen, daß es nach Ihrem Verständnis des hier zur Verhandlung stehenden Sachverhalts und unter Einbeziehung des Vorangegangenen sowie des – sofern antizipierbar – Kommenden keine unfaire Fehlinterpretation wäre, wenn ...

ANWALT: Einspruch, Euer Ehren! Das ist vollkommen irrelevant!

RICHTER: Irrelevant in bezug auf was?

ANWALT: Keine Ahnung.

RICHTER: Stattgegeben.

ANWALT: Euer Ehren, ich weiß nicht, wie ich den Beklagten vertreten soll, wenn ich ...

ANWALT: Einspruch! Ich vertrete den Beklagten!

ANWALT: Wieso? Wen vertrete ich denn dann?

RICHTER *(blättert ein paar Akten durch)*: Sie vertreten den Kläger.

ANWALT *(schlägt sich an die Stirn)*: Scheiße!

(Gelächter)

RICHTER: Das Gericht vertagt sich, um dem Fernsehen Gelegenheit zu geben, das aktuelle Prozeßgeschehen von einem Rechtsexperten analysieren zu lassen.

ANCHORMAN *(flüsternd)*: Sie sehen die Live-Berichterstattung des historischen Prozesses im Gerichtssaal von Richter A. Earl Frinkington Junior. Wir schalten jetzt um zu unserem Rechtsexperten Norman Twinkleboner mit der Bitte um eine Expertise über das, was wir gerade gesehen haben. Norm, wie schätzen Sie die Sache bislang ein?

RECHTSEXPERTE: Schnarch!

ANCHORMAN *(lauter werdend)*: Norm? Norman! Norman Twinkleboner, wie schätzen Sie diesen historischen Prozeß bislang ein?

RECHTSEXPERTE *(wacht auf)*: Bob, jetzt hängt alles davon ab, ob die Geschworenen Johnnie Cochrans Erklärung Glauben schenken, daß O. J. Simpsons Blut nur so auf die ...

ANCHORMAN: Und nun zurück in den Gerichtssaal.

ANWALT: Nun, Mr. Glompitt, um die Paraphrasierung meiner Frage wieder aufzugreifen: In Anbetracht der Beweisstücke 3986 A und 3986 B, wäre es inkorrekt zu sagen, daß ... oder ich will es einmal anders ausdrücken ... wäre es korrekt nicht zu sagen, daß in der oder um die Nacht des 7. November nach Ihrem Verständnis – und wenn ich »Ihr Verständnis« sage, meine ich das im Sinne von »nicht Ihr eigenes Verständnis« – daß also in diesem Sinne ...

Und immer so weiter, Stunde um Stunde, Tag um Tag, Woche um Woche, ein einziges Festival der Anwaltsseligkeit. Bis Thanksgiving hatte die amerikanische Öffentlichkeit das Interesse an der Wahl verloren und ging wieder ihren Alltagsgeschäften nach. Am Ende hätte der Supreme Court Al Bundy zum dreiundvierzigsten Präsidenten der Vereinigten Saaten erklären können, und die allgemeine Reaktion wäre gewesen: Gott sei Dank haben sie endlich jemanden gefunden!

Ich fasse also zusammen: Um ein Wahldebakel wie das des Jahres 2000 zu vermeiden, müssen Anwälte von dem Prozedere ferngehalten werden, außerdem das Fernsehen, alle dummen Wähler und der Bundesstaat Florida. Ich kann mir nicht vorstellen, daß jemand etwas gegen diese simplen, vernünftigen Reformvorschläge einzuwenden hat. Die einzige Frage ist, wie man sie umsetzen kann.

Ich fürchte, dazu muß man einen Anwalt einschalten.

SCHLUSS

In der Einführung dieses Buches habe ich Ihnen versprochen, daß das meiste gar nicht oder zumindest schlecht recherchiert sein würde. Ich glaube, dieses Versprechen habe ich mehr als gehalten.

Aber es gibt ein paar wichtige Punkte, zu denen ich noch nicht gekommen bin. Was soll, zum Beispiel, aus der Sozialversicherung werden? Ein großes Problem fürwahr! Ein kompliziertes Problem! Ich hatte mir vorgenommen, es *en détail* zu analysieren, mit vielen Statistiken und so weiter. Aber jetzt habe ich keinen Platz mehr dafür. Ich beschränke mich also auf die folgende Übersicht:

Wie unser Sozialversicherungssystem funktioniert

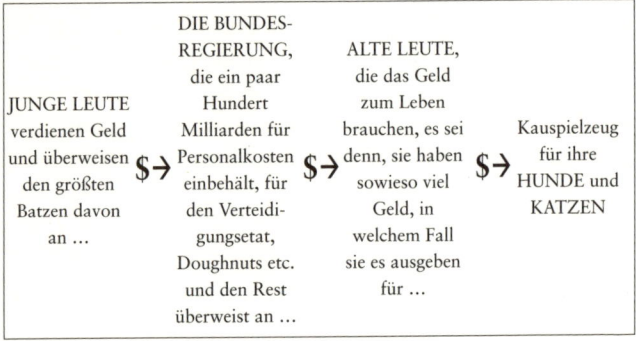

JUNGE LEUTE verdienen Geld und überweisen den größten Batzen davon an ...	DIE BUNDES-REGIERUNG, die ein paar Hundert Milliarden für Personalkosten einbehält, für den Verteidigungsetat, Doughnuts etc. und den Rest überweist an ...	ALTE LEUTE, die das Geld zum Leben brauchen, es sei denn, sie haben sowieso viel Geld, in welchem Fall sie es ausgeben für ...	Kauspielzeug für ihre HUNDE und KATZEN

Im wesentlichen haben wir es also mit einem System zu tun, bei dem Gelder transferiert werden, und zwar von jungen Leuten via Bundesregierung an alte Leute und deren Haustiere.

Das Problem dabei ist, daß die Bevölkerung langsam überaltert. Denken Sie nur einmal an die Besetzungsliste der Fernsehserie *Friends*! Diese Leute waren einst jung und charmant, aber nun sind sie in den Dreißigern, und es hat etwas anrührend Beschränktes, daß sie nichts anderes mit ihrem Leben anzufangen wissen, als unentwegt in den Apartments ihrer Freunde ein und aus zu gehen.

Aber das Fernsehen liefert noch mehr Beweise für den

Alterungsprozeß unserer Gesellschaft, zum Beispiel in den Werbespots während der Abendnachrichten, bei denen es immer nur um Produkte geht, mit deren Hilfe alte Leute den Verdauungsapparat in Gang kriegen, das Gebiß im Mund behalten oder Sex haben können. Es ist nur eine Frage der Zeit, wann ein Produkt auf den Markt kommt, das alle drei Bedürfnisse gleichzeitig befriedigt (»Probieren Sie Polident mit Ex-Lax-Formel, jetzt auch mit Viagra!«).

So bevölkern also immer mehr alte Leute unser Land. Das Problem ist, daß nicht genügend junge Leute nachwachsen, um sie zu finanzieren. Die Amerikaner bekommen einfach nicht mehr so viele Babies wie in der Guten Alten Zeit, als die typische amerikanische Frau alle vier bis fünf Monate ein bis zwei Babies warf. Wenn eine Frau heute ein Baby bekommt, trägt sie sich gleich für die Mutter-Kind-Spielstunde ein, für die Mutter-Kind-Musikstunde, die Mutter-Kind-Aerobicstunde und all die anderen Mutter-Kind-Stunden, sodaß sie vor lauter Baby-Herumgeschleppe und Karrieremachen erst wieder Zeit für Sex mit ihrem Mann hat, wenn das Baby aufs College kommt.

Also haben wir zu viele alte Leute und zu wenig junge, und es wird immer schlimmer. Das heißt, daß unser gegenwärtiges System nicht mehr lange funktionieren kann. Um dieses Problem zu lösen, müßte der Kongreß eine ökonomisch sinnvolle Reform beschließen. Da dies jedoch eine vernünftige Maßnahme wäre, können wir nicht damit rechnen. Außerdem ist das gegenwärtige System bei alten Leuten und ihren Haustieren sehr beliebt, und zusammen bilden sie natürlich einen großen, einflußreichen Wählerblock.

Wenn wir das Problem trotzdem lösen wollen, bleibt nur eins: Wir müssen die Anzahl der jungen Leute erhöhen und gleichzeitig die Zahl der alten reduzieren. Wie kann das gehen? Ich habe mir einen praktikablen Drei-Punkte-Hammerplan ausgedacht:

Hammer eins: Wir engagieren eine Band, die grauenhafte Musik macht, wie etwa Limp Bizkit, und kündigen überall groß an, daß diese Band ein Konzert in, sagen wir, Nebraska gibt, zu dem die gesamte Weltbevölkerung unter 25 Jahren freien Eintritt hat.

Hammer zwei: Am Tag des Konzerts drucken alle Zeitungen in den USA einen Coupon für eine kostenlose Vorspeise in jedem Restaurant in Kanada oder Mexiko. Dieser Coupon gilt aber nur für diesen einen Tag und nur für Leute über 65.

Was passieren würde, wäre natürlich folgendes: Millionen junger Menschen aus aller Welt würden in die USA strömen, während gleichzeitig eine endlose Karawane von Senioren mit ihren 87er Oldsmobiles die USA verlassen würde. Dann bräuchten wir nur noch den günstigsten Moment abzuwarten und zuzuschlagen:

Hammer drei: Wir machen die Grenzen für immer dicht.

Was halten Sie davon? Dieser Plan mag nicht perfekt sein, aber ich garantiere Ihnen, daß er besser ist als alles, was sich der Kongreß zu diesem Thema ausdenken wird.

Ein weiteres Problem, das ich in diesem Buch behandeln wollte, ist die Außenpolitik der USA. Ich habe eine sehr ausgeprägte Meinung dazu, vor allem was unser Vorgehen gegen »Schurkenstaaten« wie den Irak betrifft. Ich finde, wir sollten langsam mal die Samthandschuhe ausziehen. Ich finde, es ist an der Zeit, die »ultimative Waffe« anzuwenden. Ja, ganz recht! Vielleicht klingt es ein wenig schockierend, aber ich schlage vor: Wenn der Irak uns weiterhin Probleme bereitet, schicken wir einen Bomber los und werfen über Bagdad Anwälte ab.

Stellen Sie sich das mal vor! Schon eine verhältnismäßig geringe Anzahl amerikanischer Anwälte würde das ganze öffentliche Leben eines so kleinen Landes wie Irak vermutlich lahmlegen. Und wenn der erste Angriff nicht reicht, schicken wir neue Anwälte los Wenn das immer noch nicht reicht, lassen wir die Anwälte flächendeckend mit Fallschirmen abspringen. Eine grausame Taktik, sagen Sie? Vielleicht. Aber manchmal ist Grausamkeit das einzige, was hilft.

Das sind nur zwei der Themen, die ich in diesem Buch noch behandeln wollte. Aber, wie gesagt, ich habe keinen Platz mehr. Lassen Sie mich abschließend also sagen: Vielen Dank, daß Sie dieses Buch gelesen haben, und wenn ich hier irgend etwas gesagt habe, das Sie verletzt, tut es mir wirklich und aus tiefstem Herzen leid.[66]

Ich möchte außerdem sagen, daß ich trotz des stellenweise kritischen Tons die Vereinigten Staaten für ein großartiges Land halte. Und trotz der wohlwollenden Schelte, die ich der US-Regierung angedeihen lasse, hege ich den größten Respekt für unsere Bundesbeamten, vor allem die anständigen, sich abrackernden und – meiner Meinung nach – drastisch unterbezahlten Steuerprüfer des Finanzamtes. Ich danke Ihnen.

---

[66] Stimmt nicht.

Über den Autor

Die *New York Times* hat Dave Barry zum »witzigsten Mann Amerikas« erklärt. Aber natürlich war an dem Tag die Nachrichtenlage dünn, und es gab kaum was, das man drucken konnte.

Klar, seine legendären Zeitungskolumnen wurden auch in Buchform zu Bestsellern, aber es sind in erster Linie seine durch und durch originellen Bücher, wie etwa das vorliegende, die ihn zu einer amerikanischen Ikone machen. *Dave Barry hat hier übernachtet* war seine Version der amerikanischen Geschichte. *Dave Barry in Japan* war sein Beitrag zu internationalem Frieden und Völkerverständigung; allerdings hat sich Japan bis heute noch nicht ganz davon erholt. *Dave Barry über Kerle* ist eins der meistgelesenen Bücher in Rehazentren und Gefängnissen. Mit seiner nun vorliegenden Abhandlung über die Politik der Vereinigten Staaten und insbesondere von Washington DCs, reiht er sich ein neben de Tocqueville und Larry King, und als scharfsichtiger Kommentator klärt er uns darüber auf, wie wir unsere Politiker und Beamten finden, finanzieren und ... (ergänzen Sie Ihr eigenes Lieblingsverb mit »f«).

Barry ist in einem Vorort von New York aufgewachsen, in einem Vorort von Philadelphia zur Schule gegangen und lebt jetzt in einem Vorort von Miami. (Läßt man ihn in die großen Städte nicht hinein? Lesen Sie, was er über Miami zu sagen hat, die Stadt, die eine so entscheidende Rolle bei der letzten Präsidentenwahl spielte. Kein Wunder, daß man ihn dort nicht haben will.)

Was in diesem Buch steht, hat er, wie er es selbst oft so poetisch ausdrückt, *nicht* erfunden.